Quilt Alchemy

天然染めで作るキルト

オーガニックな染色レシピとパッチワーク図案

サラ・ラーソン・ブスカグリア 著

佐藤公美 訳

上田葉子 キルト監修

contents

はじめに

私たちを育む大地や土壌、
多様な生物へ敬意をもって。

古代アートに出会い、植物や鉱物に由来する天然色のアルケミー(魔法のように植物の色が繊維へと移る変化)を知ったとき、私はすっかり魅了されました。この体験は20年以上も前のことですが、今でもその奥深さに夢中です。それは、毎春、種を蒔き、大地から芽吹いたものを、家族を支える栄養豊かな食物に育むのと同じくらいワクワクすることでした。

夫と私は、思いつきから始まって、本を読み、試行錯誤しながら有機農業を学びました。農業を始めて最初の数年間、私たちは無我夢中で作業に明け暮れ、やがて一群の羊を購入し、美しい羊毛を手に入れることができるようになりました。羊を飼ったことをきっかけに、天然染色の知識を広げることができました。毎年春になると、羊の毛を刈り、秋と冬には羊毛を紡ぎ、天然素材で糸を染色し、私たちを暖かく包み込む衣服を編みました。愛する羊たちから得た繊維や、染料植物からの色のギフトとつながることは、最も心が満たされるものでした。このように意味をもって選択するもの、大切にされるもの、そして実用性があるものを創作することは、疑う余地もなく有意義な時間でした。

それから何年も経ってからになりますが、思いがけずキルトに出会いました。キルト作りを通じて、生地や色、形、ステッチを駆使して芸術的に自己表現ができることに完全に心を奪われてしまったのです。興奮のあまり、消費主義に対する自分自身の価値観を一瞬忘れ、純粋な熱意でデザイナー生地を購入し、キルトを次々と作り始めてしまったほどです。最初に作ったキルトは、とても楽しくて、貴重な学びの経験でしたが、私の農業的なライフスタイルを反映するものではありませんでした。このような体験を通じて私が感じたことは、キルトはある種自伝のようではないかということでした。色やパターン、生地やステッチは、作り手のほんの一部を物語ってはいたものの、最初のキルト作品は、私自身の真の物語を語っているようには感じなかったのです。

9

自分で羊を育てて、羊毛を紡ぎ、天然素材で染めた糸で、好きなセーターを編むことに比べたら、キルトの作品はまるで何か急いでいるかのようで、意図的に創作したものではないように感じられました。

ファームそのものが、スローライフを実践することや忍耐を養ううえで、極めて重要な先生のような存在です。春に種を蒔き、秋に収穫するまでの長い月日を経ることで、食物の真の価値が明らかになります。自分のキルト作品に欠けていたのは、シンプルで清らかなスロースタイルを表現することだと気づいたのです。私は新たに染色工場との関係を築き、オーガニック繊維を購入し、オーガニック農業を支援しようという、自分自身への提言に耳を傾けました。時間をかけて手縫いで作り上げたキルト作品を見たとき、私のライフスタイルと価値観をより正確に表現しているように感じました。

セルロース（植物細胞の主成分で食物繊維の一種）布の天然染めを始めた頃、私はタンパク質ベースの羊毛糸の染色で得た知識がそのまま応用できるのではと目論んでいました。確かに応用できることもありましたが、想像していたほど直感通りにはいきませんでした。さらに、セルロース布を染める特有の染料レシピや技法を入手するのはそんなに簡単ではないこともすぐにわかりました。たくさんの疑問が生じるたび、リサーチや実験を何度も行いました。特定の色に染めることができるようになったり、確実に再現したりする方法を解明するまでには数年かかりました。本書は、私が長きにわたって学んだことを共有し、初めてキルト用セルロース布の天然染めを始めたときに抱いていた数々の疑問についても網羅することを目的としています。天然染めとキルト、どちらのアートも非常に広範囲に及ぶため、一生をかけて実践しても、まだまだ探求できることがたくさんあります。絶え間ない発見と進化があるので、ワクワクする気持ちもまた無限です。

農業に勤しみ、ゆっくりと手仕事をすることは、特定の商品がどのように生産されるかについて点と点がつながっていくことに役立ちました。そのようにして、生産者であるという自覚が日々強くなるのです。植物から色を抽出し、それを繊維に移すようになると、合成染料や繊維、そしてその使用規模について考えるようになりました。例えば、そういったものが生み出す廃棄物は、どのように水路に流れ込んで生態系に悪影響を及ぼしているのか。すべての生命がどのように直接的、あるいは間接的にこれらの生態系に依存しているのか。そして、私たちが地球に対してやっていることは、私たち自身に返ってくる行いでもあるのではと感じるのです。なぜなら、私たちは否が応でも相互に関係しあっているからです。

農業、キルト、反消費主義は、私にとって現代文化への挑戦を意味するものです。現在における、ひどく有害なシステムに異を唱えるよい方法は、そのシステムを集団でやめることだと信じています。私たちはお金を使う、あるいは使わない選択をするたびに、自分たちの未来と子供たちが受け継ぐ地球のありかたについて票を投じているのと同じです。強大な力を持つ企業が提供する有毒なものを購入するのを集団でやめるのは、平和的な抗議活動の一つの形ではないでしょうか。労働者を搾取し、危険に晒す企業を支援しない選択は、こうして実行できるのです。今持っているものに満足し、「もっと買う」という考えに屈しないことは革命的です。壊れたものを修理したり直すのにも時間がかかります。種を蒔き、時間をかけて自分たちの手で美しく意図的なもの作りをすることは、ものの本当の価値を知る機会となります。自分で栽培する食物、自分で作るセーターやキルトは、私自身の価値観を表現する手段です。同様に、このような私の手仕事は回復する力を意味していると信じています。

—サラ・ブスカグリア
（コロラド州ラプラタ郡、2022年11月）

「自然の力にすがってさえおれば、自然に随った生活さえしておれば、人間は生きられるようになっているんだという確信をつくることが先決であるし、それが最初の人間の生きる原点になるわけです。」

―福岡正信（『わら一本の革命』より）

本書の使い方

本書は、4つの章で構成されています。

第1章は、セルロース(植物細胞の主成分で食物繊維の一種)布を天然染めする前の準備、材料と道具について紹介します。

第2章は、特定の色を作るためのテクニックやレシピなど、天然染料を使った染色について詳しく説明しています。

第3章は、天然染めした美しい布を使って伝統的なキルトパターンの作り方を紹介します。作品は、後半に進むにつれスキルレベルが上がります。

第4章では、キルト作りをするうえで基本的なテクニックを手順を追って解説しています。簡単に参照できるように、付箋などを使ってタブを作成するのがおすすめです。

1.
染色前の準備
―材料と道具―

- -

繊維

- コットン
- ヘンプ
- リネン
- 再利用繊維

私のアトリエ

- 染色材料の収納棚
- アトリエで使っている道具
- 染色材料
- 作業用エプロンを作る

始めましょう

- 布の重さを量る
- 布を精錬する
- 布を湿潤させる
- 布を媒染する
- タンニン、媒染剤、染料の廃棄について

室外の染色用キッチン。

天然染めには、セルロース系またはタンパク質系に分類される天然繊維が必要です。ウールやシルクなどのタンパク質系繊維は動物または昆虫由来の繊維、リネン、ヘンプ、コットンなどのセルロース系は植物由来の繊維です。美しいキルトはタンパク質系繊維でも作ることができ、ぜひ作ってみていただきたいですが、本書ではセルロース布にのみ焦点を当てています。

染色の素晴らしい点の一つは、ほかにはない自然の色に染められることに加えて、布を自由に選択できることです。布を購入する際のチェック項目の一つに、オーガニック認証であるかどうかがあります。GOTS（グローバル・オーガニック・テキスタイル・スタンダード）認証は、環境基準と社会基準の両方を満たしているので、私が使いたい素材にぴったり合っています。従来の方法で生産された繊維ではなく、オーガニック生産の繊維を購入することは、消費者がGMO（遺伝子組み換え）農業、有毒な除草剤、殺虫剤、合成肥料に積極的に異を唱えるのと同時に、すべての生命体が依存している生きた土壌ときれいな水路を求める手段でもあると考えています。

繊維

どのくらいの厚さの布を使うかを決める際、製造業者が㎡あたりの重量比を提供しています。キルトの場合、私はおおよそ1㎡あたり153〜271g内の布を探しますが、枠にとらわれず、自分にとってよいと感じるものを使うことをおすすめします。業者にサンプルを注文すると、何mも購入する前に実際手に取って確かめることができるので便利です。

コットン

コットンは、ワタ（綿）という植物の種子毛から作られる天然繊維。東半球と西半球の両半球に自生しています。種子は硬い蒴果（さくか）の中にあり、成熟するにつれ、はじけてコットンボールと呼ばれる綿花が現れます。このフカフカの綿毛の繊維が収穫されて種と分けられ、洗浄され、梳（と）かされ、糸に紡がれて、布地に織られます。コットン衣類や布地を総体的に見て、シャツ1枚の生産に十分なコットンを生産するには約6㎡の綿花畑が必要です。

刺し子の下晒（したざらし）糸（染色する前の糸）は、布と同じテクニックとレシピで浸染、媒染、染色できますが、糸が絡まないように注意が必要です。

「今日、有機農家は最も優れた平和の構築者といえます。なぜなら、乱暴な産業農業の仕組みを通じて、暴力や死、破壊や戦争が増加しているからです。その酷い仕組みから平和の農業へと移行することが、まさに有機農業が実践している行為です。」

—ヴァンダナ・シヴァ[*]

* Vandana Shiva. AZQuotes.com, Wind and Fly LTD, 2024.Available from < https://www.azquotes.com/author/17793-Vandana_Shiva> [accessed 2023]

現在、アメリカで栽培されるコットンの大半は、遺伝子組み換えで栽培されています。そのため、国内産のオーガニックコットンは量が少なく調達が困難ですが、輸入品であってもオーガニックコットンの布や商品を購入することで需要を生み出しています。いずれにしても、私たちは購入先がどこであっても行動を起こさなくてはなりません。なぜなら、そういった需要を作ることで、国内の従来のコットン農家がオーガニック栽培に移行する機会が開かれていくからです。GMO（遺伝子組み換え）コットン布の購入を拒否することは、積極的にそのやり方に反対票を投じることになると思います。従来のGMOコットン布は、消費者がそれを支持する限り、標準であり続けるでしょう。

ヘンプ

ヘンプ（大麻、または最近はカンナビスとも呼ばれる麻の一種）は非常に強度が高く、耐久性があり、長持ちする靭皮繊維（植物の茎から採取される繊維のこと）です。収穫後は茎から繊維を取るために茎を湿らせる必要があります。その後、ヘックルと呼ばれる道具で繊維を梳いて紡ぎ、布地に織り上げます。1970年、アメリカ政府は向精神性品種であることを理由にすべてのヘンプ生産を禁止しましたが、ありがたいことに禁制時代は終焉を迎え、生産は復活しつつあります。現在はカナダと中国が最大の生産国ですが、需要の高まり次第ではアメリカでの生産も可能になるのではないでしょうか。ヘンプを購入したり、興味をもったりする人が増えるほど、より多くのヘンプを植えるアクションにつながるので、ぜひともヘンプと混紡の布を購入しましょう（オーガニックコットンも！）。ヘンプはさまざまな用途に使え、再生可能な資源です。また織物や衣料品用の繊維だけでなく、紙製品、建材、栄養豊富な種子、食用油、バイオ燃料、医薬品などにも使えます。ヘンプ100％の布は、軽量のキャンバスから厚手まで、異なる重さで入手可能です。素晴らしい混合布も入手でき、特に美しく染めることができるオーガニックコットンヘンプのモスリンの質感がとても気に入っています。

リネン

リネン（亜麻）は、別名フラックスと呼ばれる植物の靭皮繊維であり、ヘンプと同様の方法で加工されます。リネンは軽くて丈夫な繊維で、ハンドステッチが引き立つ風合い豊かな繊維です。裁断するのがとても難しいので、初心者はコットンまたはコットンリネンを使った方が満足のいく結果が得やすいかもしれません。リネンを使ったキルトを縫い合わせるときは、ほつれを防ぐために、ミシンの縫い目の長さを1.5に設定することをおすすめします。私は、リネンを購入するときは、1㎡あたり186ｇ程度の重さを探しています。これは、中厚手と呼ばれることが多いものです。また、GOTS（グローバル・オーガニック・テキスタイル・スタンダード）認証を取得したオーガニックのものを探しています。リネンは、ナチュラルカラーまたはホワイトで購入できますので、どちらも染色に適しています。黒などの濃い色に染色する場合、私は未漂白のリネンを使用することがよくあります。コットンリネンのような混紡素材は、染めやキルト作りに適しています。m単位で購入する前にサンプルを取り寄せて確認するといいでしょう。

再利用繊維

再利用の素材を使って作品作りをするアーティストは増加傾向にあります。一度使用したコットンやリネンの服、シーツ、カーテン、ほかにも家で使われているものや、リサイクルショップ、フリーマーケットなどで探すこともでき、天然染色用の新品の代わりに使えます。その際、布に汚れが付いていると、染色しても汚れは落ちませんのでご注意ください。現行またはヴィンテージのプリント布と天然染めの布を合わせると、想像を超えた楽しい組み合わせになります。手持ちのものを活用してもの作りをすることは、高い満足感が得られ、現代の消費

主義の苦しみから自分自身を解放する革命的なツールになります。私のお気に入りのキルトのなかには、作り手がやむを得ず手元にあるものを使ったような、想像をはるかに超える素晴らしい作品もあります。

合成繊維についてですが、洗濯するたびに何千ものマイクロファイバーが抜け落ちてしまうため、キルトには合成繊維を使用しないことにしています。これらのマイクロファイバーは海へとつながる淡水路に行き着きます。海中には、文字通り、大量のプラスチック廃棄物が漂っていますが、現在では、肉眼で見える大きな破片よりもさらに大量のマイクロプラスチックが海中に存在していることがわかっています。私のキルト作品がそのようなマイクロプラスチックの一因になることは望みません。天然染料と繊維で作られたキルトは、寿命が尽きると堆肥化し、土に還して新たな作物を育てる肥沃な環境を提供することができます。マイクロプラスチックの安全処理の大失敗を未来に残すことはありません。化石燃料繊維をどうするかについて、私には解決策がありません。なぜなら、特にマイクロプラスチックは、今も驚く速度で生産されているからです。私は、化学物質の使用がもたらす環境と健康への影響を考慮したときに、そのような問題にもっと批判的であり、誰もが声を上げることができることを願っています。

私のアトリエ

長年にわたり、染色の作業場をキッチンからファームのさまざまな場所に移動していたのですが、最終的に古い納屋を改装して常設のアトリエスペースを設けました。新しいアトリエには、同じ建物に染色用スペースと縫製用スペースを作り、年中天然染料を扱える場として活用しています。アトリエのようなスペースが確保できなくても、残念に思ったり、思いとどまったりしないでください。利用可能なスペースさえあれば、そこがスタートに最適な場所になります。

染色を始めるにあたり、多くの立派な道具は必要ありません。自分の持っているものから始めて、リサイクルショップに何度か通い、そこでどういったものが見つかるかをチェックするといいと思います。徐々に道具を揃え、できる限り特定の必須アイテムにお金を使うようにしましょう。私は、染色用に必要な道具の大半を中古で見つけました。私が最初に染色槽として使っていたのは、リサイクルショップで購入した大きなホーロー缶で、内側のホーローが剥がれ始めるまで数年間愛用していました。理想に叶ったもの、というわけではなかったですが、お気に入りのステンレス製の厚手の鍋を購入できるまで活躍してくれました。アトリエをいい感じに整えるまでには何年もかかりましたが、実用的な方法を学び、それを進化させながら、必要に応じて在庫を増やしています。

濃縮タイプの植物やミネラルは強力で、万一摂取すると安全ではないため、食品調理に使用する道具とは別に染料鍋、フライパン、スプーン、そのほかの道具を用意することがとても重要です。20ページの一覧は、私が現在、アトリエで使っている道具の一覧と、使用目的を簡単に記したものです。染色を始めたばかりでしたら、必要なのは大きな鍋、大きなスプーン、スケールのみです。

染色材料の収納棚

冬の染色用屋内アトリエの一角。

　染色作業場のパントリーも、キッチンと同じように収納し、常に手元に置いている定番アイテムがいくつかあります。アイテムが残りわずか、またはゼロになると、探したり、収穫したり、追加注文したりします。私は常に新しい技法や染料を試すほうなので、棚の中は常に進化しています。どのような染色材料を揃えたらいいのかについては、完全にみなさんの好み次第です。レインボーカラーすべての色を作りたいかもしれませんし、特定の厳選した色のみかもしれません。染料は直射日光の当たる場所に保管すると劣化するので、戸棚や箱などの暗い場所に保管するのが最善の管理方法です。21ページの在庫リストがすべて必要なアイテムということではありません。あくまでも、私が手元に置いておきたいアイテムですので、ひとつのアイデアとして参考にしてください。例えば、10種類すべて購入しなくても、1～2種類のタンニン（29ページ参照）から始めることもできます。

夏の染色用屋外キッチン。

アトリエで使っている道具

- キャンプ用ツーバーナーガスコンロ1台（季節によって屋外で使用）

- 大型電気コンロ1台（屋内で使用）

- 水源（私は庭で使っているホースを使用）

- 蓋付き深底ステンレス製鍋（容量21L）4個（大量バッチ用）

- 蓋付きステンレス製鍋（容量9L）2個（少量バッチ用）

- ステンレス製鍋（容量1L）1個（抽出用）

- プラスチックバケツ（容量19L）4個（タンニンおよび媒染剤用）

- バケツ用サーモ付きヒーター2個（購入を迷っていましたが、最近アトリエに仲間入りした道具。実際に使ってみるととても便利です。1つはインディゴ槽の再加熱用に、もう1つはタンニン下地染め液と媒染液の槽の再加熱用に使用）

- ホーローバケツ3個（染色した布をすすぐため、布を濡らすため、チョークペイント染めや水を加熱するためなどに使用）

- 大きいサイズの木製撹拌スプーン数本（精練用に1本、ミョウバン媒染用に1本、各染料の色ごとに1本、鉄媒染用に1本、など。こすり洗いできるステンレス製スプーン2本でもよいですが、私は木のスプーンがカラフルに染まって並んでいるのが好きなので木製を使用）

- 金属製の小さいスプーン1本（染料の計量用）

- 料理用温度計1個（私はアナログタイプが好きですが、デジタルでも）

- ステンレス製泡立て器1本（タンニン、媒染剤、染料を水に混ぜるため）

- 極細油性マーカー（布の耳に重さを記録するため）

- 大きいサイズの濾し器1個（染色液を濾すため）、もしくは裏打ち用の荒く織られた布または寒冷紗[*1]

- 細かいメッシュの濾し器1個（粉砕コチニールなどの小粒染料を濾すため）

- ゴム手袋数組（さまざまな作業に使用）

- 防塵マスク（微粒子を計量する際に着用）

- トリプルビームスケール1台（極少量の染料や媒染剤のほか、布地などの重いものも計量可能）

- ホーローの小さいボウル1個（染料の計量用）

- 厚手のテリー織り[*2]のタオルと古いウールの毛布（染料鍋を断熱し、一定の温度に保つため）

- はさみ（布のカット用）

- 洗濯ばさみと物干し用コットンロープ（媒染、染色した布を乾燥させるため）

- 乳鉢と乳棒1セット（インディゴを湿らせるため、またはコチニールやそのほかの染料を粉砕するため）

- フリントストライカー[*3]1個（ガスストーブ着火用）

- 強力電動ハーブグラインダー（アカネの根やそのほかの自家栽培あるいは採集した染料の粉砕用）

- ステンレス製たわしとパウダークレンザー（染料鍋のスクラブ用。私はボンアミ・パウダークレンザーを使用）

- pH 試験紙

[*1] 荒く平織に織り込んだ布
[*2] パイル織物の一種で、いわゆる「タオル地」のこと
[*3] 自発火式着火ツール

染色材料

精練剤

シンスラポール

ソーダ灰（炭酸ナトリウム）◆◎

タンニン

クルミの殻 ◎

ミロバラン ◆◎

ヘナ

没食子
_{もっしょくし}

クリ

カッチ ◆◎

タラ

スマック

ザクロ ◆◎

ケブラチョ ◎

媒染剤

硫酸アルミニウムカリウム ◆◎
（別名：カリウムミョウバン）

酢酸アルミニウム ◆◎

ハイノキ属植物 ◎

硫酸第一鉄 ◆◎

炭酸カルシウム ◆◎

pH

ホワイトビネガー

ソーダ灰（炭酸ナトリウム）◆◎

クエン酸 ◆◎

消石灰（水酸化カルシウム）◆◎

染料

カモジグサのエキス

コチニール ◆◎

ヒマラヤルバーブ

インディゴパウダー ◆◎

フルクトース

ログウッドチップ ◆

ログウッドエキス

細かく砕いたアカネの根 ◆◎

オーセージオレンジのウッドチップ

乾燥したウェルドとウェルドの
エキス

黒クルミの殻または外皮

ホピサンフラワーの種

乾燥したタマネギの皮

◆は藍熊染料、◎は田中直染料店で扱っています。お問合せ先は173ページをご覧ください。

材料

- リネン、ヘンプ、またはコットンヘンプ布：1.3m以上（着用者の寸法、布幅によって変わります）。私は、オーガニックコットンヘンプをホピサンフラワーWOF（布の重量）100％で染色（64ページのレシピ8参照）。
- 布に適したコットンミシン糸。

作業用エプロンを作る

　写真は、アトリエでの作業のときに着けているお気に入りの形のエプロンです。構造はとてもシンプル。長方形の端が縁どられ、肩紐が背面で交差しています。このゆったりとしたタイプは、1㎡あたり135～203gのリネンやヘンプなど、ドレープができるような軽い布で作るのが向いています。

1. はじめにエプロンの幅を決めます。胸囲を測り、その長さの半分を足します。例えば、胸囲が82cmの場合、82cm＋41cm＝123cm。エプロン幅は123cmです。

2. エプロンの丈を決めます。バストトップからエプロンの希望の丈を測り、縫い代として10cm足します。例えば、エプロンのでき上がり寸法を82cmにしたい場合、82cm＋10cm＝92cm。従って、丈の長さは92cmになります。

3. 肩紐を15cm×76cmに2本カットします（肩紐の長さは手順10で調整）。どのように裁つかは、布の寸法によって異なります。このような大きな布をカットする場合は、長くまっすぐカットしようとするよりも、耳の部分にはさみで切り込みを入れて布をまっすぐ裂くのが最も簡単です。

4. エプロンの両端を1.3cm裏側に折ってアイロンをかけ、さらに3.8cm裏側に折り、アイロンをかけ、まち針で留めます。同様に、裾と上端も折り、アイロンをかけ、まち針で留めます。

5. 両端、裾の順番で、3.8cm裏側に折ったところをミシンで縫います。上端は肩紐を付けるのでまだ縫いません。縫い目の長さは長めにするときれいに見えるので、3程度に設定します。

6. 肩紐の長辺の両端を1.3cm裏側に折り、アイロンをかけます。

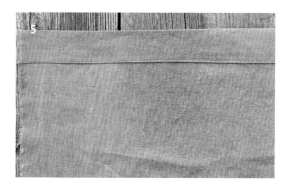

7. 肩紐を縦半分に折り、アイロンをかけます。折った端に沿って、まち針を留めます。

8. 端どうしを合わせたところから3mm内側にトップステッチをかけます。もう1本の肩紐も同様に縫います。

9. エプロン本体を半分に折り、エプロンの中心を確認します。折り線にアイロンをかけて折り目を付け、中心から左右5cmのところに印を付けます。肩紐はこの印の外側に配置します。肩紐の間隔をもう少しあけたい場合は、エプロンを自分にあててみて、肩紐の付け位置を調整します。

10. 肩紐の長さを決めます。エプロン本体を裏返して置きます。上端の角の折り返し部分に肩紐の端を入れ込み、上に折り上げて、まち針で固定してアイロンをかけます。もう一方の上端の角にも、もう1本の肩紐を同じようにセットします。

11a. 左肩紐を右肩紐の上にして交差させ、本体中央の右側に付けていた印の外側にセットして、まち針で留めます。右肩紐を本体中央の左印の外側にセットして、まち針で留めます。エプロンを試着して、ちょうどいい位置にエプロンが収まるまで、肩紐の長さを調整します。肩紐のちょうどよい長さから7.5cm分の縫い代を足してカットします。

11b. 肩紐を後ろ面と同じように前面にもセットしたら本体に縫い付けます。折り目に沿ってミシンをかけ、さらに上端から3mm内側にトップステッチをかけます。

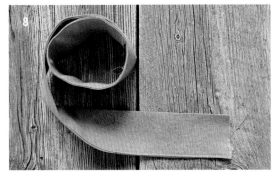

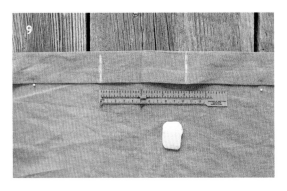

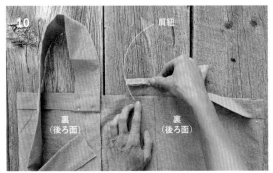

肩紐

裏
（後ろ面）

裏
（後ろ面）

始めましょう

　水は、天然染めにおいて重要な要素であり、水中の
pH（ペーハー。水溶液中の水素イオン濃度を表す指数）とミネ
ラルが染色に影響を及ぼします。天然水であれば、何
でも試してみることをおすすめします。pH試験紙で水
のpH値を計測し、自分の周りの水について知りましょ
う。pH 7は中性です。pHが高い（アルカリ性）、または低
い（酸性）場合は、最終的に調整するとよいでしょう。pH
値は、少量の木灰またはソーダ灰で値を上げることが
でき、酢またはクエン酸で下げることができます。

　雨がよく降る場所に住んでいる場合、雨水もよい選択
肢となり得ます。雨水はもともと柔らかい水質だからで
す。ただし、地域によっては汚染物質（酸性雨）が含まれ
ていることも。また、井戸水や湧き水にはさまざまなミ
ネラルが含まれているため、水質によっては、特に鉄が
含まれている場合、鮮明に染色するのが難しい場合も
あります。興味があれば、16-in-1水質検査キットで水
中にどのようなミネラルが含まれているかを調べてみま
しょう。染料の多くは軟水を好みますが、アカネの根、ロ
グウッド、モクセイソウは、硬水に含まれるカルシウムと
親和性があるため、これらの染料に炭酸カルシウムを
加えると、より豊かな色に染色できる場合があります。

布の耳は、WOF（布の重量）を記入する場所として利用。

布の重さを量る

　「WOF」とは、染めをする人たちが繊維の重さを表すために使用する略語です。すべての天然染色のプロセスにおいて、はじめに計量することは不可欠です。個々の槽に使用する染料の量を決定するには、繊維の重量（WOF）に基づいたパーセンテージが使用されます。WOFは常に、布または繊維が乾燥した状態で測定します。その際、本書および大半の染めをする人たちが最もよく使う単位である、gで量ることができ、kgでも量れるスケールが必要です。私は、子供が家庭学習をしてい

た時に使っていた古いトリプルビームスケールを愛用。電池不要で、極少量を正確に量ることができるため便利です。デジタルスケールを使っているときは少量を量る際に、読み取りに苦労していましたがそれもありません。ただ、デジタルスケールは、余計な計算をしなくとも重量をゼロにする機能があるので明らかに便利な点もあります。キルト作りでは布の耳部分は使いませんので、WOFと布の種類を細い油性ペンで記録する場所として使用します。そうすれば、後で布の重さを測ったり、ノートを参照したりする必要がなくなります。

布を精練する

　植物繊維は主にセルロースで構成されていますが、少量のワックス、ペクチン、油も含まれており、このような成分は精練と呼ばれるプロセスで除去する必要があります。繊維を素早く均一に染色するには、丁寧な精練が不可欠です。最善の結果を得るには、精練の際、布をあまり詰め込みすぎないのがポイント。私は通常、19Lのバケツで一度に1.8m×1.8mの布を精練します。違う種類のセルロース系繊維をバケツ1個で一緒に精練することも可能です。すべての新しい布は、タンニン下地染め液、媒染液、または染料液に浸染する前に精練する必要があります。染色用布（PFD）を使う場合は、精練の工程を省略し、洗濯機で洗うだけです。再利用の布の場合は、汚れや油分をこすって取り除くと便利に使えます。インディゴ染めの場合、タンニン下地染めと媒染は省きますが精練は必要です。精練した布を手元に置いておくと便利に使えます。

セルロース系繊維の精練レシピ

- WOF（布の重量）1%のシンスラポールまたはそのほかの中性液体洗剤
- WOF2%のソーダ灰（炭酸ナトリウム）
- 温水

1. 大きな鍋（私は容量19Lの鍋を使用）に温水を入れます。シンスラポール、ソーダ灰を入れ、かき混ぜて溶かします。
2. 布を広げ、大きめのスプーンを使って慎重に鍋に入れます。
3. 鍋を弱火にかけ、1時間ほど煮ます。鍋の中の温水を沸騰させないでください。沸騰すると、繊維と熱水の間欠泉が発生する危険な状況を引き起こす恐れがあります。コットンを精練する場合、繊維に含まれる油分とペクチンが出るため、水はわずかに黒くなります。
4. 火を止め、布を十分に冷まします。
5. 布を絞り、シンク（洗濯機の場合はすすぎモード）で精練剤を洗い流します。タンニン下地染め（32ページ参照）に進む場合は、布を湿らせた状態に、後で染める場合は完全に乾かします。

計量中のソーダ灰とシンスラポール、精練待ちの布。

布を湿潤させる

「布を湿潤させる」とは、タンニン下地染め、媒染、または染色する前に、ぬるま湯に少なくとも20分間、布を浸けておくことを意味します。これにより、布全体に染料が均一に付着することが可能になります。布が乾燥した状態でタンニン下地染めや媒染、染色を行わないでください。いったん布を濡らした後、布を絞ってから、広げた状態で準備を整えます。

布を媒染する

媒染は、繊維が化学変化する工程です。媒染がうまくいくと、繊維に自然な色を固着させるための永久的な基盤となります。目で見てその変化がわかるわけではないため、染色工程の中で最も楽しい工程とは言い難いですが、媒染剤がなければ、染料の色はすぐに洗い流されて消えてしまいます。セルロース系繊維を扱う場合は、最初にタンニン下地染め、次に媒染といった具合に、2段階の処理が必要です。媒染の必要が全くない染料もいくつかありますが、キルトに最適な堅牢度（染色された生地の色落ちや色移りなどに対する強さを表すもの）を実現するために、私はほとんどの場合、この2つの処理を行っています。直接染料（媒染を要せず、繊維を直接染めることができる染料）であるインディゴは例外のため、インディゴ染めでは媒染しません。最善かつ最も均一な結果を得るには、タンニン下地染めや媒染では、布をぎゅうぎゅうに詰めないことが重要です。布を詰め込みすぎるとムラになり、染色したときに絞り染めのような仕上がりになってしまうこともあります。私が考える最大値は、19Lのバケツに布1m×1mの割合です。また、布を浸けている間は、完全に液に浸っている状態であることを確認するのも大切です。布が長時間、液の外に出ていると、その部分に染料がうまく定着しません。繊維が異なれば、タンニン、媒染剤、染料の吸着率も異なり、ほかの繊維が利用できる量が少なくなるため、布を種類ごとに分けて、別々の槽で行うのが最善です。

私は、銅イオン、クロムイオン、スズイオンなどの重金属の無機媒染剤は使用しません。無機媒染剤を必要とする染料のレシピもありますが、それらは有毒であり、染色をする人と環境の両方に健康リスクをもたらすため、避けるべきと考えています。採掘され精製される金属塩を避けたい人にとってハイノキ属植物は再生可能な媒染剤として検討すべき媒染剤です。

豆乳を媒染剤という人もいますが、実際のところ繊維と染料の間で化学結合を促進するものではないので、厳密には結合剤です。染料を引きつけて接着剤のように維持してくれますが、洗濯すると必ず落ちてしまうため、キルトには不向きです。豆乳は、色落ちしても再度染めやすい衣類やそのほかの物に適しています。

タンニン下地染め

タンパク質繊維と異なり、セルロース系繊維には媒染剤を容易に受け入れる性質はありませんが、媒染前にタンニン下地染めを行うことで、媒染の効果が高まります。タンニンを適切に使用すると、染料の耐光性も向上する可能性があります。多くの場合、タンニン下地染め液および媒染液に浸ける時間を長くすると、最適な色堅牢度が得られます。

タンニン（植物由来のポリフェノールの一種で、下地染め用として主に粉末タイプで入手可能）は、透明、黄色、または暗色のいずれかに分類されます。天然染料の販売店はさまざまなタイプから選択できるように販売していますし、地元で調達できる場合もあります。タンニンは、異なる色を布の下地染めとして使えるため、色を構築したり幅を広げたりするベースとして使用でき、とても素晴らしいツールです。天然染料の色のトーンを変えずに染めたい場合は、透明なタンニンを使うのが好ましいです。

黄色および暗色のタンニンは、媒染前の処理または染料としての2つの目的があります。黄色のタンニンは繊維に色を付着させ、染料の色を微妙に変えたり、黄色の染料をより濃くする手段として使用できたり黄色の下地としての役割があります。暗色タンニンは、濃い色に染めたり、オーバーダイ（もとの色の上から、さらに別の色で染め直すこと）の下地として黄褐色または茶色の下地層を提供します。タンニンで下地染め処理した布は、鉄を含んだ媒染や染料に反応し、タンニンの種類とタンニンと鉄の比率に応じて、タンニンの天然色がグレー、ブラウン、チャコールなどの色合いに変化します。タンニンと染料の組み合わせを探索するのは無限にも思えるほどで、楽しいものです。

透明のタンニン	黄色のタンニン	暗色のタンニン
没食子	ミロバラン	カッチ
タラ	ザクロ	ケブラチョ
	ヘンナ	スマック
		クルミ
		クリ

次ページ：WOF（布の重量）10%で、タンニン下地染めした10色。写真下から上へ：クルミ、タラ、没食子、ヘナ、ミロバラン、ザクロ、スマック、ケブラチョ、カッチ、クリ

収穫した没食子には、タンニンが非常に豊富に含まれています。没食子は不思議な現象で形成されます。若芽にインクタマバチが産卵し、これに若芽が反応して瘤（虫瘤）に変形し、発育中の幼虫の食べ物と隠れ場所となります。幼虫が成虫になると、瘤を食べながら外に出てきます。没食子を収穫する際は、インクタマバチが外に出たかを確認するため穴のある瘤を探します。天然染色をする者にとって瘤は宝物です。タンニン下地染め液を作るには、細かく粉砕する必要があります。

タンニン下地染め液のレシピ

　タンニンの種類に関係なく、タンニン下地染めの方法は同じです。各色の配合レシピには、推奨するタンニンの種類と量が記載されていますが、このレシピにこだわることなく自分なりのレシピを見つけることをおすすめします。それぞれの染料に正しいタンニンも間違ったタンニンもありません。すべてがそれぞれに結果をもたらしてくれます。どれがいいのかはみなさんの色の好みで異なります。最善の結果を得るには、タンニン下地染め液を入れた槽に布を詰め込みすぎないことです。容量19Lのバケツあたり布を1m×1mほど入れるのが適量です。さらに、このレシピは温水が必要です。水道水を加熱したもので十分。染料用の鍋で水を加熱する代わりにポリバケツを使用することもできます。タンニンは高温すぎると破壊され、媒染剤を固着する効果がなくなるため、温度には十分注意しましょう。

- 50℃の温水
- WOF（布の重量）8〜20%のタンニン

1. 容量19Lのバケツに温水を入れます。どのくらいの水量が必要なのかは、布の重量によって異なります。布が温水に浸かり、バケツ内で密集しすぎないように、十分な量の温水を使用します。
2. タンニンを温水に加え、ダマがなくなるまでよくかき混ぜます。
3. 湿った布を6〜24時間浸けておきます。浸ける時間を長くすると、全く色落ちしない最善の結果が得られることがよくあります。均一な結果を得るには、浸けている間は布が完全に浸かった状態であることを確認してください。
4. ゴム手袋を着用し、布を絞り、媒染に進む前に冷水でごく軽く1回洗い流します。布を乾燥させず、すぐに媒染するのが最善です。

左上から時計回りに：クリ、ミロバラン、カッチのタンニン。

　タンニン下地染め液は数回再利用できますが、カビが生え始めたら廃棄する必要があります。タンニン下地染め液を再利用できる状態にするには50℃まで加熱し、必要量のタンニンの30%を足してリフレッシュします。

タンニンの実験

　天然染料について学ぶことは、いざ疑問が生じたときに答えに辿り着くための知識として大変価値あるものです。ここでは、さまざまな種類のタンニンが繊維にどのような色を固着させるのか、また鉄やインディゴで調整したときにその色味がどう変化するかを理解するために私のこれまでのタンニンの学びを紹介します。はじめに、10種類のタンニンを用意します。それぞれWOF（布の重量）10%のタンニン下地染め液を作ります。次に、それぞれのタンニンの下地染め液に入れたサンプルの布を三等分にします。そのうちの1枚は、タンニン下地染めのみのものをそのまま置いておきます。次に、残り2枚をさらに半分にして、各サンプルの布が4枚になるよ

右下から、アーチ状に左下へ：タンニンで下地染めのみ10色。続いて、鉄2％と鉄4％の液に浸けたものはグレー系やブラウン系に変化。インディゴに1回浸けたものと2回浸けたものは青緑色に変化。

うにします。そのうち1枚目は各サンプルの布を鉄2％の液に、2枚目は各サンプルの布を鉄4％の液に入れて比較しました。鉄2％は灰色、4％は茶色に変化することがわかりました。次に、各タンニンのサンプルの布の1枚をインディゴ液に1回浸け、最後のサンプルの布は2回浸けて比較しました。1回浸けたサンプルの布は緑寄りの青緑色に、2回浸けたサンプルの布は青寄りの青緑色になりました。私はこの種の実験が大好きで、この方法でたくさんのことを学ぶことができます。疑問ができたら、実験して、わかったことはすべて染色日誌に必ず記録します。

媒染

　セルロース布がタンニンと化学変化を起こすと、媒染の効果が高まる新たな能力が生まれます。媒染（布に色素を定着させる作業）をきちんと行うことで、その効果は永続的になります。布は湿った状態ですぐに染めることもできますし、吊るして乾燥させて保管し、別の機会に染めることもできます。媒染済みの布を手元に置いておくと便利です。使用したタンニンや媒染剤の種類と量がわかるように、布にラベルを付けておきましょう。

ミョウバン媒染剤

「ミョウバン」とは、アルミニウム由来の媒染剤の総称です。下記は、私のお気に入りのミョウバン媒染剤のレシピです。乾燥ミョウバンを扱うときは常にマスクを着用し、ミョウバン液を扱うときはゴム手袋をして作業を行います。

硫酸アルミニウムカリウム(カリウムミョウバン)の媒染剤レシピ

これは、私の媒染剤の定番レシピです。安価で、タンニン下地染めとの組み合わせに適しており、さらに堅牢度に優れているので染色した色が長持ちします。硫酸アルミニウムカリウムは、ボーキサイトから精製されます。ボーキサイトは、最初に硫酸で処理、次にカリウムで再処理されて、鉄やそのほかの鉱物汚染物質が除去されます。徹底した精製により、染色すると鮮明な色がでます。私は、この媒染剤を頻繁に使用していますが、アルミニウムの採掘と加工、それが環境に及ぼす悪影響について調べれば調べるほど、将来的には植物由来の再生可能な媒染剤の実験にもっと時間をかけるようになると思います。

- 50℃の温水
- WOF(布の重量)10〜20%の硫酸アルミニウムカリウム(カリウムミョウバン)
- WOF2%のソーダ灰

1. 容量19Lのバケツに温水を入れます。必要な水量は、布のサイズにより異なります。布が温水に浸かり、バケツの中でぎゅうぎゅうになりすぎないくらいの水量にします。
2. 温水に、カリウムミョウバン、続いてソーダ灰を入れて木製スプーンでかき混ぜます。ソーダ灰はpHを中和するため、泡が発生します。泡が落ち着いたら、

布を入れ6〜24時間放置します。不均一な仕上がりにならないように、布が媒染液の中に常に完全に浸かっているかを確認しましょう。十分に浸けた後、ゴム手袋をして布を絞ります。冷水で1〜2回軽く洗い流し、余分なミョウバンを取り除きます。布が湿った状態で染色に進むか、後で染色する場合は乾燥させて保管します。

酢酸アルミニウムのレシピ

酢酸アルミニウムは、硫酸アルミニウムカリウムと同様、ボーキサイトから得られますが、精製剤として酢酸を使って処理したものです。染色したときに明るい発色になるといわれるため、天然染めをする人の多くは、セルロース系繊維の媒染には、ほかの媒染剤よりも好んで使用しています。私の実験では、優劣をつけるほどの違いは特にないような気がしました。例えそうだとしても、自分で実験して結果を確認することをおすすめします。天然染料レシピの多くは、媒染剤として酢酸アルミニウムを使用する場合は、タンニン下地染めを省くことを推奨していますが、タンニンは染料の耐光性を高めることが多いため、私はそう書かれていても、好んでタンニン下地染めをしています。

酢酸アルミニウムの媒染には定着液の使用が必要です(レシピは後ほど紹介)。

- 50℃の温水
- WOF8〜15%の酢酸アルミニウム

1. 容量19Lのバケツに温水を入れます。必要な水量は、布のサイズにより異なります。布が温水に浸かり、バケツの中でぎゅうぎゅうになりすぎないくらいの水量にします。
2. 小さなボウルに熱湯を入れ、酢酸アルミニウムを加えて木製スプーンでかき混ぜ、薄めのペースト状に

します。ペースト状にしたものを1のバケツに加え、ダマがなくなるまでかき混ぜます。

3. 布をバケツに入れ、6〜24時間浸けておきます。不均一な仕上がりにならないように、布が媒染液の中に常に完全に浸かっているかを確認しましょう。定着液を準備します（レシピは後述）。

4. ゴム手袋を着用し、布を定着液に浸して5〜10分間放置します。布を絞り、水で軽く1回洗い流します。布が湿った状態で染色に進むか、後で染色する場合は乾燥させて保管します。

定着液のレシピ

粉末類を計量する際は、必ずマスクを着用してください。

- 50℃の温水4.5Lに対し、炭酸カルシウム（チョーク）30g

容量19Lのバケツに炭酸カルシウム（上記の比率を参考に）を入れてかき混ぜます。布が浸かる十分な量の温水を用意し、バケツの中がぎゅうぎゅうになりすぎないようにします。

ミョウバン媒染液を再利用する

ミョウバン媒染液は、1〜3回もしくはそれ以上再利用可能です。硬水だとミョウバンの一部が水中のミネラルに付着し、ザラザラした質感や濃い色に変色します。このような場合は、媒染液を処分し、新しい媒染液を作ります。私は硬水を使用していますが、特に気にならなければミョウバン媒染液を2〜3回ずつ再利用しています。茜色などの強い色をだしたい場合は、常にリサイクルのミョウバン媒染液ではなく、新鮮なミョウバン媒染液から始めます。

再利用するには、コンロまたはバケツ用サーモ付きヒーターで媒染液を50℃に温めます。レシピに記載されている媒染剤量の30%を追加します。

ハイノキ属植物で媒染

東アジア原産のハイノキ属植物は、多量のアルミニウムを含み、葉の中に蓄えられています。なかでも乾燥した落ち葉にはアルミニウムが最も多く含まれています。ハイノキ属植物は200種以上あり、そのうちのいくつかはアメリカ北東部全域で生育しているのが見られます。みなさんのお住まいの地域でハイノキ属植物が生息している場合は、落ち葉を集めてミキサー（染色専用）で粗めに粉砕します。地元で調達できない場合は、多くの染料業者がフェアトレード認証付きのものを販売しています。ハイノキ属植物は、私にとって比較的新しく取り入れ始めたものになりますが、採掘する必要もないですし、毒性もなく、再生可能な媒染剤の可能性としてワクワクするものです。ハイノキ属植物で媒染すると、布は明るい黄色に染まります。

ハイノキ属植物の媒染液のレシピ

- WOF（布の重量）50%のハイノキ属植物

1. 大きな鍋に水を入れ、沸騰直前まで加熱し、ハイノキ属植物を入れます。蓋をして弱火で1時間ほど煮出します。ハイノキ属植物は、非常に強い甘い香りを放ち、最初は心地よいと思いますが、次第に耐えられなくなります。長時間煮込む必要があるので、できれば屋外で作業することをおすすめします。
2. 鍋の中の液体を濾します。濾した液体の中に、湿った布を入れて24時間浸けておきます。
3. ゴム手袋を着用し、水で布を一度優しく洗い流します。布が湿った状態で染色に進むか、後で染める場合は乾燥させて保管します。

ハイノキ属植物で媒染したばかりのコットン。

鉄媒染または調整

　私は、鉄（第一鉄とも呼ばれます）を黒やほかにも暗めの色に染める前の媒染に使用しますが、もっと一般的には、染料の色をより落ち着いた暗めに、深みのある色に染める調整剤として使用します。黄色やそのほかの明るい色合いを変える場合は、WOF（布の重量）1%を加えてみましょう。少量の鉄でも十分に効果がありますが、増量する必要がある場合は、布を鍋から取り出してすぐに追加し、よくかき混ぜてから布を鍋に戻します。より暗い色に変化させる場合は、鉄を最大4%使用できます。黒に染色する場合、最大WOF5%まで使えますが、5%を超えないようにしてください。5%を超えると、媒染液の取り扱いや廃棄の際に、安全でなくなる可能性があります。

　色の調整に鉄を使う場合、液体の中に布を浸けるのは短時間です。鉄を媒染に使用する場合は、浸けておく時間は長くなります。鉄を使った媒染や調整をすると、均一に仕上げることは難しいですが、大切なポイントは布を常に動かし続けることです。また、鉄の媒染液は、ログウッドなどの特定の染料の堅牢度を向上させることがよくありますが、長時間の浸水は繊維を破壊するため、媒染は30分以上行わないことも重要です。鉄媒染は染色の仕上がりに大きな影響を与える可能性があるため、私は再利用するよりも、たいていの場合は新たに鉄媒染液を作るほうが好きです。鉄は洗っても完全に取り除くのは難しく、ほんの少しでも色が暗めに変化するので、鉄媒染専用鍋を1個用意するのが最善です。鉄を扱った作業や計量の後は、すべての作業台を徹底的に掃除してください。そうしないと布に小さな鉄の斑点がつくなど、布に汚れがつくと大変目立ってしまいます。鉄で調整、または媒染した布は、しっかりすすぎ、洗い、乾燥させれば、ほかの布に影響を及ぼすことはありませんので、白をはじめとする淡い色と組み合わせてキルトを作っても全く問題ありません。鉄を扱うときは、計量からすすぎまで、すべてのプロセスで常にゴム手袋

をして、粉末を扱うときは常にマスクを着用してください。

鉄媒染液のレシピ

- WOF（布の重量）1～5%の硫酸第一鉄

1. ゴム手袋を着用します。このプロセスの間はずっと着用して作業します。大きな鍋に水を入れ、60℃になるまで加熱します。鉄を入れて木製スプーンでよくかき混ぜます。
2. 湿った布を鉄媒染液に入れ、布を動かして絶えずかき混ぜます。布が液に浸かっている間、ムラができないように布を動かします。
3. 希望の色になる直前に布を出して色を確かめます。取り出した後に色が若干濃くなる場合があるので直前に取り出しましょう。ちょうどよければ布を鍋から出して、水で1～2回洗い、よく絞ったら、吊るして乾燥させます。

タンニン、媒染剤、染料の廃棄について

染色に使った液体の適切な廃棄に関する情報が知りたくて、本を色々と見て調べたのですが、矛盾した情報が見つかるばかりでした。結果としてわかったことは、少なくとも私にとって真実は、天然染色家たちは、染色職人であり、化学者ではない人が大半だということでした。天然染料の安全性については学ぶべきことがまだたくさんあり、常に発見があります。市の上水道を利用している場合、媒染と染料のレシピはすべて、染料を濾した後、排水溝に捨てることができます。ここでは、私が現在さまざまな液体をどのように処分しているかについて述べますが、時が経ち新たな発見があれば、今ここに記していることはよくないアドバイスになっている可能性がありますので、常に更新される情報を確認してください。

私は汚水処理タンク方式を利用しており、システムが正しく機能するために脆弱な微生物のバランスに依存しているため、染色液を排水溝には捨てません。すべての液体を捨てる前にpHテストをして、それに応じて木灰（酸性度を下げるもの）または酢（塩基性混合物と対抗するため）で中和しています。精練に使った水は私道の砂利道に捨てています。タンニンは裏の私道の木材チップ置き場に捨てています。また、温室の隅に容量190Lのドラム缶を2つ置き、1つは使用済みのミョウバン液を蒸発用、もう1つは使用済みの鉄媒染液用にしています。私の住むエリアの気候では、すぐに蒸発しますが、あまり乾燥していない地域では蒸発しない可能性があります。私は、ログウッドと黒クルミを除いて、ほとんどの染料液と使用済みの染料を堆肥にしています。ログウッドには中程度の毒性を持つヘマテイン、クルミの木はユグロンと呼ばれる除草剤に使われる成分を放出するため、堆肥として取り入れたくないので、液体は砂利道の私道に捨てています。ログウッドと黒クルミは裏ごしして、屋外の焚き火台で小片を燃やします。ろ過したハイノキ属植物は芝生の上に捨てることができます。オーガニックのフルクトースインディゴ（60ページ参照）は、pHを中和した後に堆肥にしています。中和するには、容器内に酸素を取り込むために激しくかき混ぜ、必要に応じて酢を加えます。

2.
天然染めの染色レシピ

紹介しているすべての染色レシピで染めたもの！

「このファインアートから、
自然界で最も美しく魅力的なものを再現する秘密がわかります。
それは、触れるものすべてに命を吹き込む精神であるといえます。」

—ギオチン・ブラーニ、1794年[*]

[*] Giochin Burani (1794). *Trattato dell'arte della tintura (Treatise on the Art of Dyeing).*

染料、鉱物、天然繊維は、土、種子、光合成、太陽光、月光、雨などの自然のサイクルを通じて創り出された自然界からのギフトです。人類は長い間、採集、栽培、収穫、種子の選択的保存などの行為を通じて植物の色を決めてきた傾向があり、その植物から染料が作られて、私たちに色のギフトとしてお返ししてくれました。天然色が繊維に移されると、不完全だからこそ完璧なまでに美しい自然が、色という姿になって現れます。この微妙で奥深い変化が、合成繊維を染色した完全均一な仕上がりよりも、はるかに魅力的です。アルケミーが良好なら、天然染料は持続的に豊かな色を生み出し、時間の経過とともにさらに美しくなる可能性をもっています。

人類は太古の昔から繊維を染色してきました。何千年もの間、すべての染料の色は1856年までは天然由来でした。その年、18歳のウィリアム・ヘンリー・パーキンが抗マラリア薬キニーネを合成しようとしたときに、最初の合成染料が誤って発見されるまでは天然由来だったのです。合成染料は製造コストが安く、塗布も比較的簡単でした。まったく突然に、アートと天然染料の良好なつながりはほとんどが放棄され、産業革命の塵の中に埋もれてしまったのです。現代の天然染めをする人々は、人間、天然染料、繊維の神聖な相互関係を復活させるという革命的な行為に参加しています。なぜなら、こういった一見すると小さな行いこそが、集団意識を変え、文化のリセットを促すものだと思うからです。

天然染料のアルケミーの世界は、一生かかってもすべてを習得するのは不可能なほど広範囲に及んでいます。合成染料が普及する前は、天然染料を扱う会社は、それぞれ1色に特化していたため、染色家は通常1色のみの染色スキルを習得していました。現代天然染色家である私たちは、たくさんの色の化学変化を探求する機会に恵まれています。新しい発見が絶え間なく続くので、刺激も無限です。現在、アーティストがさまざまな媒体で自然由来の色を扱う傾向が高まっています。実証済みの歴史を感じるレシピや染料が数多くありますが、新しい植物、レシピ、天然染料抽出物も探索できます。

私は時々、抽出エキスも使用していますが、原材料から染料を自分で抽出するやり方が好きです。葉、樹皮、花、根、時には虫なども含みますが、沸騰する鍋の上に立って、香り豊かな化学変化を体感することは、私と自然源を結びつけてくれる、この上ない貴重なプロセスの一つです。染料から色が出てくるのをこの目で見るのが本当に大好きです。色は決して古くなりません。繊維や染料を購入するときは、それらが責任を持って、倫理的に採取または栽培されたものかを確認のため調べてみてほしいです。私たち人類、それに植物や資源が搾取されているなら、天然染料革命はよいものとはいえません。染料を探す場合は、必要分だけ採取するように意識しましょう。豊富にない場合はまったく摂取しない選択もあることを忘れずにいましょう。さらなるステッ

タマネギの皮で染めた濃淡のグラデーション。

プとして、採取が過剰に行われている地域に在来種を蒔くことで、自然の供給を補充することができます。

色調

　色調（DOS）は、繊維に入った色がどの程度薄いか、あるいは濃いかを示す値です。例えば、WOF（布の重量）100%のアカネの根は真っ赤になり、WOF8%ではコーラルピンクに染色されることがよくあります。それぞれの染料植物ごとに、WOF何パーセントにするかで、染色後の色調がどうなるかを理解することはとても大切

です。WOF比については、完全に個々の色の好み次第です。例えば、もっと薄い色に染めたい場合は、次回はWOFを下げるだけで薄い色に染まります。彩度の高い色が欲しかったのに、仕上がりがパステル調の薄い色になった場合は、WOFを上げる必要があると思います。サンプルと一緒に、染色日誌に詳細に記しておくことは、自分自身のアルケミーを組み立て、WOF何パーセントでどのような色ができるのかを覚えておける最も価値あるツールになります。

　キルト作りには、染料ごとにたくさんの色調（DOS）になるようにグラデーション（オンブレ）を作ることが最も多

染色液のサンプル。右側の瓶は元々の染色液、
左側は希釈された残り液。

写真右:黄タマネギの皮を使ったオンブレ染めのグラデーション。

いですが、場合によっては同じ色を何mも準備する必要
があります。その場合、グラデーションに染める代わり
に、同じWOF比の染色液をいくつか作り、布を同時に
染料液に入れ、同時に取り出すと、すべて同じDOSに
染まります。

　グラデーションを作る場合、最初の染色液は強く発色
した色(飽和色)に染まり、そのあとの染色液(染色する人
たちの間では残り液と呼ばれる)は飽和度の低いDOSに染
まります。同じ染色槽から仕上がる色は家族のようなも
ので、親和性が保たれつつも個性的でユニークです。
そのようにしてできたグラデーションは、キルト作りには
最もインスピレーションを与えてくれるものだと思ってい
ます。グラデーションを作成したら、その一部を鉄また
はインディゴのいずれかで調整することが多く、場合に
よってはその両方を使うなどして色の幅をさらに広げま
す。残り液を利用したオンブレ染めのよい点は、貴重な
染料液がほとんど無駄にならないことです。

　オンブレ染めをする際は、精練、媒染した布を数m準
備する必要があります。通常、一度に50cmの布を2枚
ずつ染めるので、1枚は染めたものをそのままに、もう1
枚は調整します。オンブレ染めの染料を計量する場合、
レシピに従ったWOF(布の重量)のパーセンテージは、1

番液の染色液に入れる最初の部分(または複数の部分)にのみ適用されますので、注意してください。それ以降の染色液は、いずれもWOFは関係ない残り液として考えます。グラデーションにするためには、単に2回目以降の残り液に入れ、回数を重ねるごとに薄い色に仕上がる、といった具合に単純とも限りません。2回目以降の残り液であっても、とても強力で、1番液とほぼ同じくらいの色に染まる染料もあります。このような場合は、染色液の一部を別の日に使えるように瓶に移して保存し、少量にした残り液を水で薄める必要があります。残り液を希釈することで、薄い色に仕上げることができます。永久的に色落ちせずに、布への固着を促進するには、布を染料液に入れ、適切な温度(各レシピを参照)で1時間以上浸けておく必要がありますので、短時間で染色して布を取り出すことはできません。いつもとは限りませんが、均一に最も薄い色に染めるには、室温で一晩残り液に浸けておくことでうまく染まる場合が多いです。

均一に染色するには

きれいに染めるには練習と忍耐を必要としますが、すべての繊維のなかでもセルロース布は、均一に染色するのが最も難しいといわれています。均一に仕上げるポイントは、下記のとおりです。

- 媒染剤と染料が繊維に浸透するように、丁寧に精練します。
- タンニン下地染めや媒染の際、布を液の中にぎゅうぎゅうに詰め込みすぎないようにします。
- タンニン下地染め液、媒染液、染色液に浸けている間は、布が完全に浸かっている状態であることを確認します。
- 媒染後、水で1回洗い流し、余分なミョウバンをしっかり取り除きます。
- 酢酸アルミニウムを使用する場合は、媒染後に必ず定着液を使用し、一度水で洗い流して、余分なミョウバンを取り除きます。
- 染色液の温度が約50℃になったら布を入れ、ゆっくりと染色液の温度を上げます。熱い染色液に冷たい布を入れると、ムラや縞模様に染まる原因になります。
- 布を染色液に少なくとも1時間浸けておき、指示された温度に保ちます。1時間後に布を取り出して色を確認します。均一に色が付き、DOS(色調)もよければ、布を取り出します。一晩浸けておくと、色合いがより深くなり、均一性も向上します。

染色レシピ

未染色の繊維をカラフルな繊維に変える化学変化は、媒染という目に見えない化学変化とは異なり、実際に起こっている変化を見ることができるため、天然染めのプロセスで最も興味深いステップです。天然染めには、さまざまな変化が考えられるので、私とまったく同じ色合いにはならないことをご理解ください。みなさん自身も、毎回同じ色を作り出すことは恐らく不可能に等しいことに気が付くかと思います。私はこの完全にコントロールができないことに深い感謝の気持ちをもって、それこそがこの手仕事の素晴らしい面だと感じています。染料から抽出された色は、どれも再現できるかもしれないしできないかもしれない、ユニークな宝物です。もう一度繰り返しになりますが、染料を実験し、詳細なメモもたくさん記録しておくことが、染色において最も心強いツールとなると思います。

最初の手順として、布はすべて精練しなくてはなりません。また、インディゴ染めを除く、すべての布は、タンニン下地染めと媒染で前処理する必要があります。タンニンと媒染剤の必要量は、それぞれの染色レシピに記載しています(46~79ページ参照)。各レシピの詳細を読んでから始めましょう。

アカネの根で赤に染色する

レシピ 1

アカネの根

アカネ（セイヨウアカネ）の根は、中東、地中海、北アフリカに自生する古代からある染料植物です。エジプトのツタンカーメン王の墓から茜色に染まったリネンの痕跡が発見され、古代スカンジナビアの墓地からも確認されています。クラシックで色落ちしにくく、ゴージャスな赤に染まり、七面鳥を赤くするために歴史的に使用されてきた染料です。細かく粉砕して硬化させた根から染料液を作ると、実に素晴らしい茜色になります。電動ハーブグラインダーは、乾燥したアカネの根をとても細かく粉砕してくれます。グラインダーの購入は結構な投資ですが、オークの虫瘤、クルミの外皮、ハイノキ属植物、ウェルド、乾燥したザクロの皮など、栽培して採取するなら、そういったほかの染料の粉砕にも便利です。アカネの根を自家栽培していない場合は、染料の販売業者から粉末を購入できます。アカネの赤い染料の主成分はアリザリンで、熱に弱いので、ダメージを避けるために途中でブレンダーを冷やしながら、一度に20秒程度ずつ粉砕してください。アリザリンがブレンダーや染色液の高温で損傷すると、赤色の効力が失われる可能性があり、残量成分でレンガ色の赤や茶色に染まることがあります。

栽培方法

アカネは、さまざまな気候でよく育つ丈夫なつる性の多年草です。実際、非常によく成長するため、侵入雑草になる可能性があります。自分で育てるには、最後に霜が降りる平均日の約6週間前にスタートートレイに種を植え、霜の危険が去ったら苗木を約45cmの間隔をあけて庭に植えます。根が収穫できるほど大きくなるまでには少なくとも丸3年かかるため、染料として大切にされています。収穫まで時間をかければかけるほど根は太くなります。毎年春に新しい苗木を植えて、毎年の収穫サイクルにするといいでしょう。

アカネの茎には小さな酷い棘があり、これが皮膚を傷つけ、痛みを伴う発疹を引き起こすため、植物の上部部分を扱うときや周囲の草取りをするときは、必ず長袖と手袋を着用してください。採取には、植物の上部を切り、シャベルまたはガーデンフォークなどで根を掘ります。採取した根は、ふるいやかごの上に並べ、ホースの水で土を洗い飛ばします。根を剪定ばさみで細かく切ったものを広げ、直射日光を避けてしっかり乾燥させます。染料の効果を最大限引き出すには、根を完全に乾燥させる必要があります。さらに、染色液を作る前に、数週間硬化させるのが理想的です。夏の終わりに小さな星型の花が咲き、それが実になるため、植物もいくらか残しておきます。実が乾燥し始めたら、鳥に全部食べられる前に集めておきましょう。これが次の春に植える種子になります。種子は保管する前に完全に乾燥していることを確認しましょう。乾燥していないとカビの原因になります。

8月にアカネの根を採取。

乾燥したアカネの根。微粉末にしたもの。

染料バッグを使う

染料用の植物は、容器の中にそのまま浮かべて使うことが多いですが、場合によっては染料バッグに入れてから容器に入れた方がよい結果が得られることがあります。染料そのものが布に触れると、染み込んだ跡が残ることはあるためです（例えば、刻んだアカネの根を扱う場合は、染料バッグを使用することをおすすめします）。バッグは、ガーゼや寒冷紗など、緩く織られた布で作ることができ、糸や紐を使って袋を閉じます。

染め方

　細かく粉砕したアカネを使う際、魅力的なオンブレ染め（42ページ参照）にはならないため、私は最初に赤く染めた後は染色液を堆肥化します。しかし、興味深いことに、刻んだアカネの根（49ページ参照）で残り液をオンブレ染めすると素晴らしいグラデーションに仕上がります。

　タンニン15％で下地染め液に24時間浸けておきます。タンニンが異なると、最終的に染色したときの赤の色調が微妙に変わります。タンニン下地染めにミロバランを

使うと赤オレンジ色、クリを使うと豊かな暗赤色、オークの虫瘤を使うと鮮明な茜色になります。WOF（布の重量）15％硫酸アルミニウムカリウム、10％酢酸アルミニウム、または50％ハイノキ属植物のいずれかを使用した媒染液に24時間浸けておきます。媒染のプロセスを繰り返すと、より豊かな色の染色が期待できます。乾燥して硬化させたアカネの根片WOF125％を用意し、微粉末にします。鍋に布が浸かるくらいの水を入れます。軟水の場合は、水3.7Lあたり小さじ1杯の炭酸カルシウムを入れます。粉末のアカネを入れ、よくかき混ぜます。40℃

になるまで加熱してから、布を入れ完全に浸かるようにします。弱火でゆっくりと75℃になるまで加熱します。80℃を超えないように注意し、絶えずかき混ぜ、繊維が常に浸かっている状態で、温度はそのままに1時間浸けてから火から下ろします。もっと鮮やかな色にしたい場合は、布を一晩（8～12時間）浸けておきます。80ページのとおり、布をすすいでから乾燥させ、37ページを参考に染色液を廃棄します。

　たいてい精練は1回で十分ですが、アカネで濃い赤を出す場合は、精練と媒染を2回行うこともあります。

レシピ 2 アカネの根でピンクに染色する

染め方

アカネの根を使ってピンクを作る場合、タンニン下地染め液と媒染液の再利用液が適しています。

WOF(布の重量)8%の透明または黄色のタンニンの下地染め液に6〜24時間浸けておきます。次に、WOF10%硫酸アルミニウムカリウム、WOF8%酢酸アルミニウム、またはWOF50%ハイノキ属植物のいずれかを使った媒染液に6〜24時間浸けておきます。細かく粉砕したアカネの根をWOF10%計量します。鍋に布が浸かるくらいの水を入れます。粉末のアカネを加え、よくかき混ぜます。50℃になるまで加熱したら、布を入れて完全に浸かるようにします。ゆっくりと染色液が70℃になるまで加熱します。時々かき混ぜながら布が完全に浸かった状態で温度を保ち1時間浸けておきます。80ページのとおり、布をすすいで乾燥させ、37ページを参考に染色液を廃棄します。

刻んだアカネの根を使う場合は…

粉砕したアカネの根を入手できず、自分で粉砕できる道具がない場合は、刻んだアカネの根でも染色できます。粗く刻んだアカネで染めるには抽出が必要です。刻んだアカネの根で真っ赤な色を出したい場合、WOF(布の重量)150〜200%まで増やす必要があります。

刻んだ根を一晩ぬるま湯に浸し、染料専用ミキサーで浸けておいた水とさっと混ぜ合わせます。ブレンドした根を鍋に入れ、さらに水を加えます。75℃になるまで加熱したら火から下ろし、鍋に蓋をし、タオルまたは毛布で包んで熱を保ちます。1時間浸けたら、濾して染料液を作ります。同じ根でこれを2回繰り返し、同じ鍋に液を加えます。根を染料バッグに入れ、染料液に加えます。細かく砕いたアカネで染色する場合と同じ手順に従って染色します。より明るく均一な色にしたい場合は一晩浸けておきます。

レシピ 3 コチニールでピンク／パープルに染色する

コチニール

コチニールは、主にメキシコなどの南米地区で採取されるウチワサボテン属のサボテンに付く貝殻虫の一種です。メキシコの先住民は、何千年もの間、メスに含まれる赤い色素を目的として選択的に繁殖を行ってきました。

コチニールは、家族経営のファーム、または生産者から直接購入している高評価の販売店などからオンライン購入できます。pHに敏感な染料なので、出てくる色は水質によって変わります。非常に濃縮された染料のため、少量でも大きな効果が得られます。WOF（布の重量）10%で発色の鮮やかなフクシアの色、3%にするとバブルガムピンクに染まります。混ぜる用の鍋でほかの染料とミックスすることもできますし、2番色や3番色といった具合にオーバーダイも可能です。鉄を合わせると、コチニールのピンクはスモーキーなパープルグレーに変化し、インディゴならバイオレットやライラック系のパープルに変化して染まります。

染め方

コチニールはオンブレ染め（残り液を利用してグラデーションに染める）で美しいグラデーションを作れます。前処理した布を多めに手元に用意しておきましょう。コチニール染料液を使いきるのは難しいかと思います。

きれいな色に染めるには、WOF8%の透明なタンニンの下地染め液に24時間浸けておきます。WOF15%硫酸アルミニウムカリウム、WOF10%酢酸アルミニウム、またはWOF50%ハイノキ属植物のいずれかを使用した媒染液に24時間浸けておきます。乾燥した虫（コチニール）を乳鉢と乳棒で粉末にします。これを、1番液で染色する布のWOF8%に計量します。コチニールを少量の水で10分間煮出します。染料液を目の細かい濾し器で鍋に注ぎます。この抽出手順を少なくともあと3回繰り返し、同じコチニールで合計4回の抽出を行う、あるいはコチニールから色が出でなくなるまで繰り返します。使い終わったコチニールは堆肥にします。布が浸かるくらいの水を鍋に注ぎます。50℃になるまで加熱し、布が完全に浸かるように入れます。ゆっくりと温度が75℃になるまで加熱します。頻繁にかき混ぜながら布が浸かった状態で、温度はそのままに1時間ほど浸けておきます。80ページに従って、布をすすぎ、乾燥させます。オンブレ染めは残り液を使用してグラデーションになるように、布を75℃の染色液に1時間浸けておきます。残り液で薄い色に染める場合は、染色液の一部を捨て、残りに水を加えて薄める必要がある場合があります。染色が完了したら、37ページを参考に染色液を廃棄してください。

鉄やインディゴでパープルグレーに

スモーキーなパープルグレーに染めたい場合は、WOF1〜2%の鉄の液にピンクの布を入れます。私は特に、コチニールで染めたピンクをインディゴの染色液に1〜2回浸けて作るパープルの色合いがとても好きで気に入っています。

50

上段：コチニール染めのグラデーション。
下段左から：1〜2枚目はインディゴで調整したグラデーション、
3〜5枚目は鉄、6〜8枚目は鉄＋インディゴ。

黄タマネギの皮で染色する

タマネギの皮

現代の天然染色家である理由の一つに、どんな色にもすべてワクワクしていることが挙げられます。社会がその価値をどう考えるかよりも、色がもっている美しさをありのままに見ることでき、染料液の鍋の中を見下ろしながら感嘆することに喜びを感じるのです。タマネギの皮からできる色は、王や女王、聖職者たちが渇望する色では決してありませんでした。成長に10年以上かかる貴重な心材でもありませんし、希少な絶滅危惧種の軟体動物から採取された、といった類の珍しいものでもありません。タマネギは、最も一般的なキッチンにある食物の一つで、なおかつ栽培もとても簡単ですが、私に

とって、自分が育てたものの色が最も特別です。それは、種から芽、収穫、布、その間のあらゆるものに至るまで、私と色の間につながりがあるからです。食物の捨てる部分を染料に利用したものは本来色褪せしにくいですが、黄タマネギは例外で、やや色褪せしやすい傾向があることがわかっています。赤タマネギの皮も染色に使われますが、本書では黄タマネギから作られる黄金色のレシピをご紹介しています。インディゴや鉄で調整すると、黄タマネギの皮で染める色のバリエーションが、まるでグルーヴィーな1970年代のタイムカプセルのように広がります。

栽培方法

タマネギを育てる一番よい方法は、冬の終わりに屋内で種まき(タマネギを播種から収穫まで2年をかけて収穫する「セット栽培」ではない)から始め、春先に間隔を約15cm開けて庭に植えることです。寒い気候でも順応するため、植える前に最後の霜が過ぎるのを待つ必要もありません。タマネギは、強い霜が降りる前の初秋に収穫し、乾燥した場所で保管する必要があります。私は温室の床の防水シートの上に収穫したものを並べて、時々ひっくり返します。乾いたら冷暗所に保管します。タマネギを食べた後は、紙のような皮を紙袋に入れて保存し、タマネギの皮で染める夏の日を楽しみに首を長くして待ちます。

色調整はインディゴや鉄で

タマネギの皮の染色では、WOF(布の重量)比は使いません。私の場合は、ためておいた1年分の皮を1回で使い切ります。

グリーンを作る場合は、自分が求めている色と、タマネギの染色液とインディゴの染色液の両方の強さに応じて、染色した布をインディゴ液に1～3回浸けます。写真のように色の「トーンを沈める」には、最初に染色する布のWOF(布の重量)1～2%の鉄の液に入れ、一度に1枚ずつ入れ、後続の残り液のグラデーションの色ごとに残りの鉄媒染液を使用します。必要な場合にのみ、色調整したい部分を鉄で調整します。

上段:タマネギの皮のグラデーション。
下段:左から1〜6枚目は鉄、7〜12枚目はインディゴに浸けたもの。

染め方

黄タマネギの皮は、オンブレ染めに最適な濃縮染料液ができるので、前処理した布を多めに手元に用意しておきましょう。残り液で薄い色に染めたい場合は、染色液の一部を捨てて水を追加する必要がある場合もあります。

染めたい色に応じて、タンニンの種類を選択します。暗色で下地染めをすると黄土色に、黄色なら黄金色が強調され、透明はタマネギの皮そのままの色に染まります。WOF(布の重量)8%のタンニン下地染め液に布を8〜24時間浸けておきます。WOF10%硫酸アルミニウムカリウム、WOF8%酢酸アルミニウム、またはWOF50%ハイノキ属植物のいずれかを使った媒染液に24時間浸

けておきます。大きな鍋の半分から4分の3までタマネギの皮を入れ、水を注ぎます。皮の量が多いほど、色は濃くなります。鍋を弱火にかけ、1時間煮出します。濾し器で別の容器に注ぎ、使用済みの皮は堆肥にします。布が浸かるくらいの水を鍋に注ぎます。

鍋を50℃になるまで加熱し、布を入れたら、70℃になるまで加熱します。その温度を保ちながら1時間浸けておき、時々かき混ぜながら布が浸かっている状態にします。80ページのとおり、布をすすぎ、乾燥させます。染色液を70℃に保ちます。オンブレ染めは、布を70℃で1時間保ちながら、残り液で染めます。染色が完了したら、37ページを参考に染色液を廃棄してください。

ウェルドで黄色に染色する

ウェルド

　別名ダイヤーズロケットとしても知られるウェルド(キバナモクセイソウ)は、ヨーロッパと西アジアが原産で、非常に鮮やかな色落ちしない黄色が出るので、先史時代から染料として使用されてきました。染料は葉、茎、花から抽出されます。WOF(布の重量)35%だと濃い鮮やかな黄色、10%でパステルイエローに染まります。鉄で調整すると、ウェルドの黄色はアーミーグリーンやカーキに変化し、インディゴでオーバーダイすると、鮮やかなケリーグリーンからパステル調のシーフォームシェード(グリーンとブルーのほぼ中間の色で、ほのかに灰色も含む)まで美しいグリーンになります。2番液の残り液で染色する際は、ウェルドイエローをオーバーダイするか、オレンジ色の場合はウェルドとアカネ、またはグリーンの場合はウェ

ルドと少量のログウッドを組み合わせて色を作ることが多いです。ウェルドは硬水で最もよくできるので、少量の炭酸カルシウムを加えると黄色が明るくなることがよくあります。

栽培方法

　ウェルドは、非常に栽培しやすい二年草の植物。種子は小さいので、苗のスタータートレイで小さな種子から始めるといつも成功します。霜の危険が去って約6〜8週間後、慎重に苗木を庭に植えます。1年目はロゼット葉ができ、2年目はそのロゼット葉が花茎となって成長するので、より多くの種子を扱うことになります。幸い

なことに、最初の年に開花することもあるようです。花が半分くらい咲いたら収穫し、逆さに吊るして直射日光を避けて乾燥させます。乾いたら種を取り出して紙袋に入れ、来年の植え付け用に保存します。バリカンを使って植物を2.5cmの小片に切り、瓶に保管します。

染め方

　WOF10%透明または黄色のタンニンの下地染め液に24時間浸けておきます。クリなどの濃い色のタンニンで染めると、黄土色になります。リネンの白化されていない自然な色は、最初の染色でも黄緑色に染まります。WOF8%酢酸アルミニウム、WOF15%硫酸アルミニウムカリウム、またはWOF50%ハイノキ属植物のいず

れかを使用した媒染液に24時間浸けておきます。

　濃く明るい原色の黄色にするには、最初に染色する布のWOF35%の刻んだウェルドを計量します。鍋に布が浸かるくらいの水を入れます。ウェルドを入れ、よくかき混ぜます。50℃になるまで加熱し、水3.7リットルあたり小さじ1杯の炭酸カルシウムを入れて泡立てます。

上段：ウェルドでオンブレ染めしたもの。
下段：左から1〜5枚目は鉄1%で調整、
6〜11枚目はインディゴに1〜3回浸けたもの。

布を入れ、完全に液に浸けます。ゆっくりと温度を70℃になるまで加熱します。70℃を超えないように注意し、布が染色液に浸かった状態で頻繁にかき混ぜて、その温度を保って1時間浸けておきます。80ページに従って、布をすすぎ、乾燥させます。オンブレ染め（残り液を利用してグラデーションに染める）をする際は、残り液を70℃に保って浸けます。染色が完了したら、37ページを参考に染色液を廃棄します。

写真のとおり、黄褐色と茶色の色になるように鉄で調整するには、WOF（布の重量）1%から始めて、必要に応じて2%に増やします。真緑にしたい場合は、染色槽内の濃度に応じて、インディゴに1〜3回浸けます。

上段:オーセージオレンジでオンブレ染めしたもの。
下段:左から1〜5枚目はインディゴ、6〜8枚目はインディゴと
鉄媒染に浸けたもの、9〜10枚目は鉄2%で調整。

オーセージオレンジで ゴールドに染色する

オーセージオレンジ

オーセージオレンジ(アメリカハリグワ)は、テキサス州とその周辺州が原産の木ですが、現在ではミシシッピ川以東の多くの地域で生育しています。また伝統的にも、オーセージネーション(中西部の先住民族)の人々が弓を作るために使用しています。染料は木の心材から抽出され、深みもあり鮮やかで、色落ちしにくい黄色です。WOF(布の重量)35%なら深い黄金色、10%にするとパステル調になります。オンブレ染めしたオーセージのグラデーションのさまざまな黄色を鉄で調整すると、豊かな黄金色からカーキまで、幅広い色調を作り出すことが可能です。インディゴに浸ければ、原色の葉緑からピスタチオカラーまで、さまざまな緑に染めることもできます。2番液以降の染色も、ほかの染料を組み合わせる、またはオーバーダイによって美しい色に染まります。

染め方

オーセージは、オンブレ染め(残り液を利用してグラデーションに染める)に非常に適しているため、前処理した布を多めに用意しておきましょう。

WOF10%の透明、黄色、または暗色のタンニンの下地染め液に24時間浸けておきます(暗色タンニンは黄土色になります)。白化していない自然色のリネンの場合は、より濃いゴールドや黄土色に近い色になります(私が使用する繊維の中で、自然な濃い色に染まるのはリネンだけです。無漂白リネンでは染色がより暗く見えます。濃い色合いのタンニンを使用すると染色に影響が出るのと同じです)。WOF15%硫酸アルミニウムカリウム、WOF10%酢酸アルミニウム、またはWOF50%ハイノキ属植物のいずれかを使用した媒染液に10～24時間浸けておきます。最初に染色する布のWOF35%のオーセージオレンジの木材チップを計量します。木材チップを鍋に入れ、熱湯を注ぎ、8～24時間浸けておきます。その後、木材チップを弱火で30分間煮出します。布が完全に浸かるくらいの水を注ぎます。50～60℃になるまで加熱し、布を完全に浸かるようにします。さらにゆっくり80℃になるまで加熱し、よくかき混ぜながら温度を保った状態で1時間浸けておきます。80ページに従って、布をすすぎ、乾燥させます。染色液を80℃に保ちます。残り液を使用してオンブレ染めをする際は、80℃を保って1時間浸けておきます。残り液で薄い色に染める場合は、染色液の一部を捨て、水を加えて薄める必要があることも。染色が完了したら、37ページを参考に染色液を廃棄してください。

黄褐色や茶色、 オリーブグリーンに染めるには

写真のとおり、鉄で調整し、黄褐色や茶色に染めるには、WOF1～2%を使用します。色々なグリーンに染めたい場合は、染色液の濃度と希望する色に応じて、インディゴに1～3回浸けます。101ページのキルト作品「夏の賛歌」のようなオリーブグリーンに染めたい場合は、WOF10%ハイノキ属植物のタンニンで下地染めし、続いてWOF10%硫酸アルミニウムカリウムで媒染します。WOF30%オーセージの染料液ですべて同じ色調になるように染色し、その後WOF1%の鉄に浸けるとオリーブグリーンに変化します。

インディゴで藍色に染色する

インディゴ

インディゴ染料が得られる植物は、東半球と西半球の両半球に自生し、世界中で古代のインディゴ染めの織物も発見されています。

この植物には、葉にインディゴを生成するものが含まれています。販売店で入手できる最も一般的なのは、タイワンコマツナギとアイ（藍）です。インディゴはとても栽培しやすい植物ですが、色素を抽出する手順は広範囲にわたり、その手順を詳細説明している書籍や情報源はたくさんあるので、ここではあえて説明しません。ぜひそういった情報を参照してみてください。私は生産者から直接、または知り合いのファーマーや販売店から天然色素を購入しています。インディゴは、バット染料（水に溶けないので、還元剤を使って溶かし、繊維を染め、酸化して発色させる染料）で、それは染色前にタンニンや媒染剤で前処理が不要で、むしろ、水に不溶性であるインディゴ顔料が、可溶性に変化することによって、堅牢度の高い永久的な結合が促進されます。染色槽の種類、化学反応、浸水回数、バット染料の量に応じて、インディゴは最も淡いスカイブルーから黒に近い深みのあるミッドナイトブルーまで広範囲の青色を実現します。

染色槽の作り方

インディゴの染色槽の設置にはさまざまな方法がありますが、そのすべてが3つの主な材料である天然インディゴ粉末、還元剤、そして塩基（酸の性質を打ち消す性質をもつ物質）を必要とします。化学反応が複雑に見えるかもしれませんが、考えすぎなければ非常に簡単です。インディゴ粉末は本来不溶性であるため、水溶性に変えるには還元剤が必要です。これを行うには、還元剤がアルカリ性の環境を必要とするため、pH値を11〜12まで上げる必要があります。

ミシェル・ガルシアがはじめて紹介した、オーガニックフルクトース（果糖）染色槽の作り方1：2：3は、インディゴ染めを始めるのに最適なレシピです。設置もメンテナンスも簡単、それに毒性がなく、セルロース系繊維の染色に最適で、最終的には堆肥もできます。

フルクトースバットの作り方1：2：3の比率は、天然（非合成）インディゴ粉末1：消石灰（水酸化カルシウム）2：フルクトース3です。希望の染色液濃度に応じて、水1.1Lあたり2〜10gのインディゴを使用できます。使用するインディゴ粉末の量を1として、あとは1：2：3の比率にするだけです。容器を大きくしたり小さくしたりするには、それに応じてすべての量を増減するだけです。ここでは、中濃度に設定して、水1.1Lあたり7gのインディゴとして、容量19Lの容器を対象としています。

私は毎年夏になると、染色のために114Lものフルクトース染色槽を1個または2個作り、少なくとも1つは年間を通じて稼働しています。インディゴの化学反応に慣れ親しんでいない場合は、大きな槽ではなく、理解と自信を深めるために、19L程度の小さなものから始めてみましょう。91cmの布をうまく染色するには、大きな染色槽が理想的ですが、19Lの染色槽は4分の1サイズを染めることができます。

インディゴブルーの色合い

最も濃く、均一で色落ちしないインディゴブルーの色合いは、一度浸けただけで濃く染まるのではなく、その後色を重ねることで最も濃い色に染まります。新しい染色槽を中程度の濃さに設定し、5回ほど浸けると濃い青になります。染色槽を何週間も何カ月も染色して維持した状態だと、液体内のインディゴが減り、青の色合いが薄明るくなります。数回浸けて濃い色にするのが理想的であるのと同様に、最も均一で色落ちしにくいライト

ブルーの色合いは、顔料の少ないインディゴ液に数回浸けることで得られます。新しい染色槽なら1回浸けるだけで希望の明るい色になるかもしれませんが、1回だけでは均一な仕上がりにならず、色落ちについても不安があります。新しい中程度の濃度の染色槽と古くなった薄い染色槽の両方を維持しておくと、薄い色と濃い色の両方に染めることができます。ライトブルーが染められる槽になるまで待てない、あるいはライトブルーだけが欲しい場合は、顔料の量を減らして薄いインディゴ液を作ることもできますが、最高のライトブルーは、断然古くなった染色槽で染めたものから得られることがわかりました。

インディゴの染色槽を維持するには、頻繁に温める必要があります。コンロに置けるステンレス鍋はとても便利。バケツ用サーモ付きヒーターをお持ちであれば、プラスチック製のバケツも使えます。私はバケツ用サーモ付きヒーターを使ってプラスチック製のドラム槽を温めています。

布を染めるときの注意点

このレシピで塩基として使用されている消石灰（水酸化カルシウム）は、容器の底に沈殿するため、それが布につかないようにすることが重要です。染色槽の底にひっくり返したバスケットなどを置いて障壁を作ると、布に触れることもありません。消石灰がかき混ぜられて布に入り込んでしまうと、インディゴと布の結合が妨げられる可能性があります。結合がうまくいってないと、すすぎのときによくわかり、色が落ち続けます。染色家がクロッキングと呼ぶ、このような色の滲みは、染色槽が過度にアルカリ性になった場合にも起こります。槽内のpHを測定するには、試験紙またはpHテスターを使用してください。

容量19Lのインディゴの染色槽を準備中。
円を描くように染料をかき混ぜます。

フルクトースインディゴ槽で染色する

水1.1Lあたり7gのインディゴで、中濃度の染色槽を作ります。染色槽を作るときはマスクを着用してください。

材料
- 17L の水
- インディゴ粉末（オーガニックインディゴパウダー）126g
- 消石灰（水酸化カルシウム）252g
- フルクトース 378g

用意するもの
- 染色槽用の容量19L のバケツまたは大きな鍋
- 水を沸かす大きな鍋
- フルクトースを溶かす鍋またはバケツ
- 消石灰を溶かす鍋またはバケツ
- 小さなじょうご（紙で作ってもよい）
- ペットボトル（470ml が適切）
- ビー玉12個程度
- 柄の長いスプーンまたはほうきの柄

染色液の濃度と、浸ける回数によって、ライト／ミディアム／ダークの色調が決まります。

1. 染色槽用のバケツまたは鍋は、ひとまず脇に置いておきます。別の大きな鍋に水を入れて沸騰直前まで加熱し、火から下ろします。その間に、じょうごを使って、小さい空のペットボトルにインディゴ粉末とビー玉12個ほどを入れます。

2. ペットボトルの約3分の1までお湯を注ぎ、蓋をしっかり閉めます。約10分激しく振ってインディゴを水和させます。

3. 手順1で沸騰させた熱湯4.4Lを染色槽に注ぎ、手順2のインディゴも入れてかき混ぜます。

4. 別の鍋またはバケツに、4.4Lの熱湯とフルクトースを入れて溶かし、染色槽に加えます。

5. 別の鍋またはバケツに4.4Lの熱湯を入れ、消石灰を入れ、かき混ぜて溶かしたら、染色槽に加えます。

6. 残り6.6Lの熱湯を染色槽にゆっくり注ぎ、柄の長いスプーンまたはほうきの柄などで円を描くように約3分間すべての材料が混ぜ合わさるようにかき混ぜます。バット内に酸素が入り込み、染色槽が傷つくのを避けるため、泡がでないようにかき混ぜます。

7. 染色槽に蓋をして、暖かい場所に24時間放置します。温度を保つため、染色槽をタオルや毛布で包みます。これが還元プロセスです。24時間還元すると、水の表面に銅のような還元膜ができ、泡とインディゴ色素の「藍の華」ができているはずです。華ができてなくても大丈夫。華の有無よりも液体の色が重要です。膜下の液体は、透明な琥珀色または黄緑色でなくてはなりません。透明ではなく、濃く濁った青の場合は、インディゴが溶けていない可能性が高いため、トラブルシューティングを参考にしてください。

インディゴ染めのトラブルシューティング

多くの場合、染色槽を加熱してかき混ぜ、時間を置いて落ち着かせるだけで、うまくいきますので、そこから始めましょう。

加熱してかき混ぜてもうまくいかない場合は、pHを確認します。セルロース系繊維の場合は、11〜12でなければなりません。それ以下の場合は、少量の水酸化カルシウムを加えて円を描くようにかき混ぜます。40〜50℃に加熱し、数時間放置します。

pHが適切で、インディゴがまだ還元されていない場合（液体が透明な緑色や琥珀色ではなく、濁った青である場合）、40〜50℃になるまで加熱し、フルクトース一掴みを加え、もう一度かき混ぜます。数時間後に染色液をチェックし、濁った青色からインディゴが還元して透明な琥珀色または黄緑色に変化しているかどうかを確認します。

セルロース布をインディゴ染めする

　セルロース布をインディゴ染めします。インディゴ染めの布には、タンニンや媒染剤による前処理は不要ですが、精練は必要です。

1. 布を洗濯用炭酸ソーダ（ソーダ灰）小さじ1/8を溶かした温水に20分入れ、その後よく絞ります。染色槽に入れる前に布を広げます。

2. 染色液の表面に藍の華がついている場合は、すくってボウルへ移して安全に保管します。

3. 冷水が入ったバケツを染色槽の隣に置いておきます。

4. できるだけ泡がでないように、布をゆっくりと静かに染色槽に浸けます

5. 布を浸けたままにします。酸素が過剰になると染色槽内の化学反応がうまくできないため、慎重に作業することが大切です。10分浸けている間、布をゆっくりと動かし、完全に浸かった状態を保ちながら、染色槽内で布が折り畳まれていないか確認します。

6. 10分経ったら、泡がでないように注意して布を染色槽からからそっと持ち上げます。

7. 布をできるだけ染色液の水面近くで軽く絞ります。小さい布なら、浸けている状態で絞ると気泡がほとんどできません。大きな布の場合は、ゆっくりと優しく、染色液表面の近いところで作業します。

8. 冷水が入ったバケツに布を入れ、布を広げて水に完全に浸かるようにします。染色槽から取り出すと、緑または黄緑ですが、水の中で酸化すると青になります。バケツの中で布をかき混ぜると、たくさんの泡ができます。

9. 30秒ほど続けたら、布を絞って直射日光の当たらない場所に干して酸化を終了させます。それぞれの布を約15分間酸化させてから、続けて染色を行います。

10. 手順4〜8を繰り返します。色落ちせず最善の色に染色するには、少なくとも3回の染色を繰り返します。

11. 好きな色になったら、布を直射日光の当たらない場所に吊るして乾燥させます。インディゴ染めの布は、染色後にpHを中和する必要があります。適切なすすぎの手順は、63ページを参照してください。

12. その日の染色が終わったら、染色液を50℃になるまで加熱し、pHを確認します。11未満の場合は、少量の消石灰を加えてかき混ぜてpHを12に戻します。少量のフルクトースを加え、円を描くように染色液表面に華ができるようにかき混ぜます。染色前に華を取り除いた場合は元に戻します。蓋をしてタオルで包み、翌日まで保温します。

染色槽の復活方法

染色をしばらくしていなかった場合は、手順12に従って染色槽を復活させます。カビが生えていない限り、数カ月放置していても復活できます。カビができてしまった場合は、堆肥化する必要があります。

インディゴをオーバーダイする

インディゴは染色の幅を広げてくれる、とても楽しくて素晴らしい染料です。染色後に鉄で色を調整した布をインディゴでオーバーダイすることもでき、色の幅がさらに広がります。本当に多くの可能性を期待できると思います！

インディゴ染めした布を次の色で重ねて染めることもでき、それにはさまざまな方法があります。1つは、最初に布をインディゴで染め、次にその布にタンニン、媒染剤、染料といった具合に染める方法です。もう1つは、あまりオーソドックスな方法ではありませんが、すでに染色済みの布（タンニン、媒染、染色済み）をインディゴで重ね染め（オーバーダイ）する方法です。私の場合は、主にオンブレ染めをするので、通常は最初に残り液でグラデーションに染めてから、その一部をインディゴでオーバーダイするのが好きです。

順序に関係なく、一度染色した布を2度目の染色液に入れると、どのような色になるのかを理解する一番の方法は、すべて試してみることです。濃いインディゴの染色槽に入れた布に、濃いオーセージのイエローを染めるとどうなるでしょうか。続けて2回、場合によっては3回と浸けてみて、何が起こるか。あるいは、薄いインディゴで染めたものを強い黄色でオーバーダイしたらどうなるのか、といった具合に試してみるのです。ウェルドのイエローは、インディゴでオーバーダイすると、オーセージイエローとはまた違った緑色になります。こういった実験的な試みをするのは限りなく楽しい作業です。媒染と染色を先に行う場合は、インディゴの染色槽内で色がにじまないように、槽に入れる前に必ず布をよくすすいでください。今後の染色の参考になるように、サンプルとメモを日誌に保管しましょう。実験に慎重になってしまう方は、布全体を染める前に、サンプルとして小さく切ったはぎれを入れてテストしてもいいと思います。

インディゴ染め、またはオーバーダイした布すべては、pHを中和する必要があります（下記の「インディゴをすすいでpHを中和する」を参照）。

インディゴをすすいでpHを中和する

インディゴの染色槽のpHは非常に高いため、染色した布はアルカリ性の青白い色になります。pHが中和されないと、アルカリ性により布がダメージを受け、色落ちするので注意してください。80ページの通常の手順に従ってすすぎを行います。布をすすいだ後、希釈した酢に30分間浸けておきます。温水3.7Lあたり、およそ大さじ1杯の白酢を使用します。布が中和されると、青が明るくなることがわかります。

ホピサンフラワーで染色する

ホピブラックダイサンフラワー（キク科ヒマワリ属）

この美しいヒマワリの品種は、ホピ族によって品種改良され、伝統的にコットンやかご繊維の染色に使用されてきました。種子に含まれるアントシアニン色素成分は、pHに敏感であるため、色は水質によって異なる場合があります。私にとって、ホピブラックダイサンフラワーは黄褐色と茶色になりますが、ほかの染色家が紫、栗色、灰色で染めているのを見たことがあります。鉄で前媒染すると黒に近い色に染まりました。

栽培方法

ヒマワリを育てるには、霜の時期が過ぎたら、種子を少なくとも30cm程度の間隔をあけて庭に直接植えます。高さ1.8〜3mまで成長し、まるで魔法にでもかかったように、ひまわりの森ができます。ヒマワリは鳥たちにとって大歓迎の植物。ヒマワリに鳥が集まってくるようでしたら、収穫前に寒冷紗、黄麻布、ガーゼ布や紐など、手元にあるもので頭部分をネットで覆い、食べられないように保護する必要があります。花の頭が重くなり、種子が完全に黒くなり、茎が熟するのを待ってから、頭を収穫し、最初の霜が降りる前に乾燥させます。ヒマワリの茎は、アカネの茎ほど酷くありませんが、とがった毛が腕に入り込むと炎症を起こす場合があります。収穫する際は長袖を着たほうが安心です。私は、30cmほどの茎を付けて頭を収穫し、6本ずつくらいを束にして納屋で逆さまに吊るすのが好きです。種子は乾燥すると頭花から簡単に取れます。種取りの作業は、厚い革手袋をして花の頭からこすり取ります。種子の中にはもみ殻がたくさん入っているので、ふるいにかけます。種子を選別する簡単な方法は、送風機の前で種子をバケツから別のバケツに数回移します。カビを防ぐため、種子を瓶に保管する前に完全に乾燥させましょう。染料液は、新鮮な種子、または乾燥した種子から抽出できます。

染め方

WOF（布の重量）10%のタンニンの下地染め液に12〜24時間浸けておきます。WOF10%硫酸アルミニウムカリウム、WOF8%酢酸アルミニウム、またはWOF50%ハイノキ属植物のいずれかを使った媒染液に12〜24時間浸けておきます。ヒマワリの種子を取り出し、WOF100〜300%を計量します。使用量が多いほど、色は濃くなります。私は必ず種子の重さを量っているというわけではありません。自分の手元にある分で作業をしています。新鮮なヒマワリを使う際、種子を取り除くことにさほど細かく注意を払っていません。収穫したばかりの花から種子を取り除くのは簡単ではありませんが、染色液に花頭の一部が入ってしまっても大丈夫です。種子を沸騰直前のお湯の中に入れ、数時間浸けておきます。種子が隠れるくらいの水を加え、約1時間煮出して種子を濾します。布が浸かるくらいの水を鍋に注ぎます。染色液を50℃になるまで加熱し、布が完全に浸かるように入れ、ゆっくりと80℃になるまで加熱します。温度を保った状態で、時々かき混ぜながら1時間浸けておきます。1時間経ったら、染色具合を確認します。十分に染まっていれば、80ページに従って布をすすぎ、乾燥させます。

上段:ホピサンフラワーでオンブレ染めしたもの。
下段:鉄媒染したもの。

もっと色を濃くしたい場合は、布をさらに数時間浸けて
おきます。一晩浸けておいてもいいと思います。オンブ
レ染め(残り液を利用してグラデーションに染める)をする場合
は、残り液を80℃になるまで加熱し、1時間浸けておき
ます。
　染色が完了したら、37ページを参考に染色液を廃棄
してください。

耐光性を高めるとき、濃い色に染めるときは鉄の液に浸ける

この染料の耐光性を高めるために、染色後
WOF(布の重量)1〜2%の鉄の液に5分間浸ける
ことをおすすめします。WOF2〜4%の鉄にする
と、さらに濃い茶色や灰色になります。黒に近
い色に染めるには、WOF15%の虫癭のタンニ
ンの下地染め液に一晩浸けておきます。その後
WOF5%の鉄の液に30分間浸けて、その後濃
いめのホピサンフラワーの染料液で染色します。
また、濃いコーヒーブラウンや黒に近い色に染
めたい場合は、WOF(布の重量)2〜4%の鉄の
液に浸けます。

レシピ 9 カッチで茶色／ピンクに染色する

カッチ

カッチは、アカシアカテキューの木から抽出したエキス粉末です。インド、パキスタン、ビルマの乾燥地帯が原産で、古くから天然染料として使用されてきました。WOF（布の重量）10％でダスティーピンク、WOF35％で豊かな土のような赤茶色になります。カッチの染色液は、刺激的で甘い糖蜜のようなよい香りがするもので、使い切るのが非常に難しいため、オンブレ染め（残り液を利用してグラデーションに染める）に最適です。鉄で調整すると、土色やチョコレートブラウンに染まります。写真はありませんが、インディゴでオーバーダイしても美しい色に染まります。

染め方

カッチは、オンブレ染めに非常に適しているため、前処理した布をたくさん手元に用意しておきましょう。WOF8％のタンニンの下地染め液に8〜24時間浸けておきます。タンニンが濃いほど、より濃い色に染まります。WOF10％硫酸アルミニウムカリウム、WOF8％酢酸アルミニウム、またはWOF50％ハイノキ属植物のいずれかを使用した媒染液に10〜24時間浸けておきます。最初に染色する布のWOF35％カッチエキスを計量します。鍋に布が浸かるくらいの水を入れ、50℃になるまで加熱し、カッチエキスを入れて塊が残らないよう、よくかき混ぜます。布を入れて完全に浸けて、ゆっくりと80℃になるまで加熱します。その温度を保った状態で、よくかき混ぜながら布を1時間浸けておきます。染色具合を確認し、もっと濃くしたい場合は希望の色になるまで浸けておきます。豊かなカッチの色に染めるために、布を24時間から最長48時間浸けておくこともよくあります。80ページに従って、布をすすぎ、乾燥させます。オンブ

上段：カッチでオンブレ染めしたもの。
下段：鉄で調整したもの。

レ染めをする際は、80℃に保った残り液に1時間ほど浸けておきます。カッチの染色液は、使い切りが難しいため、薄い色に染めたい場合は、染色液の一部を捨ててから、水を加えて薄める必要がある場合もあります。染色が完了したら、37ページを参考に染色液を廃棄してください。

レシピ 10

ケブラチョで染色する

ケブラチョ（スキノプシス属ケブラチョコロラド）

南米原産の常緑広葉樹に由来するケブラチョは、暗色のタンニンとしても、また美しい染料としても使用できる染料植物です。色はカッチ（67ページ）で染めたときと似ていて、カッチと同様、香りがあって使い切るのが難しい染料です。カッチやヒマラヤルバーブ（69ページ）と似た色ですが、ジャックラビットのキルト（107ページ）のように、色を並べて使うのがとても好きです。絶妙な色の違いは私にとって刺激的でワクワクするポイントです。

染め方

ケブラチョはオンブレ染めに適しているため、前処理した布を多めに手元に用意しておきましょう。

WOF（布の重量）10%のタンニンの下地染め液に8〜24時間浸けておきます。WOF10%硫酸アルミニウムカリウム、WOF8%酢酸アルミニウム、またはWOF50%ハイノキ属植物のいずれかを使った媒染液に12〜24時間浸けておきます。最初に染色する布のWOF15%のケブラチョを計量します。鍋に布が浸かるくらいの水を入れます。ケブラチョを入れ、よくかき混ぜます。60℃になるまで加熱し、布を入れて完全に浸けて、ゆっくりと75℃になるまで加熱します。その温度を保って、時々かき混ぜながら1時間浸けておきます。1時間経ったら、染色具合を確認します。十分に染色されている場合は、80ページに従って布をすすぎ、乾燥させます。もっと濃くしたい場合は、最長24時間まで浸けておきます。オンブレ染めをする際は、75℃を保ちながら残り液に1時間浸けておきます。薄い色に染めるには、染色液の一部を捨て、水を加えて薄める必要がある場合があります。染色が完了したら、37ページを参考に染色液を廃棄してください。

鉄を加えるとラベンダーグレーに

温かみのある、ケブラチョ染めのピンクは、WOF2%の鉄でラベンダーグレーに変化します。

ヒマラヤルバーブで染色する

ヒマラヤルバーブ（タデ科ダイオウ属）

　この染料は、ヒマラヤ山岳地帯とチベットに生育するルバーブ種の根から抽出します。これは、私たちがアメリカでパイを作るのと同じ種類のルバーブではありません。ヒマラヤルバーブはpHに敏感で、水の成分次第でゴールドから赤茶色の間の色になります。私の住む場所の水を使うと、カッチ（67ページ）やケブラチョとよく似た、土っぽい茶色になります。水質上、黄金色になる場合は、インディゴで変化させて、さまざまな緑色を作ることができます。

染め方

　ヒマラヤルバーブは、オンブレ染めに適しているため、前処理した布を多めに手元に用意しておきましょう。

　WOF（布の重量）10%の透明なタンニンで下地染めし、10〜24時間浸けておきます。WOF10%硫酸アルミニウムカリウムの媒染液に10〜24時間浸けておきます。最初に染色する布のWOF30%のヒマラヤルバーブを計量します。鍋に布が浸かるくらいの水を入れます。ヒマラヤルバーブを鍋に入れ、よくかき混ぜます。50℃になるまで加熱し、布を入れて完全に浸けたら、ゆっくりと75℃になるまで加熱します。その温度を保って、時々かき混ぜながら布を1時間浸けておきます。1時間経ったら、染色具合を確認します。十分に染まっている場合は、80ページに従って布をすすぎ、乾燥させます。もっと濃く染めたい場合は、最長24時間浸けておきます。オンブレ染めをする際は、残り液を75℃に保って1時間浸けておきます。薄い色に染めたい場合は、染色液の一部を捨てて水を加えて薄める必要がある場合があります。染色が完了したら、37ページを参考に染色液を廃棄してください。

上段：レシピ10のケブラチョ染め。
下段：ヒマラヤルバーブ染め。

レシピ 12

黒クルミで茶色に染色する

黒クルミ（クルミ科クルミ属）

黒クルミ（ブラックウォルナット）は、北アメリカ東部に自生する落葉高木です。この木は、外殻に包まれた食用ナッツの実が豊富につき、染料の原料になります。自分の住むエリアで採れる場合は、木から落ちたばかりのまだ緑色の実を選びましょう。採れない場合は、粗く粉砕した乾燥殻を購入できます。黒クルミの木は、木の周りのスペース保護に気を配るべき植物です。クルミの木の根は、特定の植物の成長を妨げる天然の除草剤ユグロンと呼ばれる化学物質を分泌しています。ユグロンは、殻に含まれる染料の着色剤でもあり、人によっては皮膚に刺激を感じることがあるため、この染色液を扱うときは必ず手袋を着用してください。乾燥黒クルミは、WOF50%でチョコレートブラウン、WOF10%でベージュになります。新鮮なものを使えば、半量未満でこうい

黒クルミの殻。

った色に染めることもできます。さらに、鉄媒染すると黒に染まります。

染め方

黒クルミの殻はオンブレ染めに適していますので、前処理した布を多めに用意しておきましょう。

WOF8%のタンニンの下地染め液に8〜24時間浸けておきます。WOF10%硫酸アルミニウムカリウム、WOF8%酢酸アルミニウム、またはWOF50%ハイノキ属植物のいずれかを使った媒染液に10〜24時間浸けておきます。最初に染色する布のWOF50%乾燥黒クルミの殻の重さを計量する、あるいは新鮮な殻を使用する場合はWOF20%を計量します。新鮮な殻が豊富にあり、深く濃い色に染めたい場合は、20%にこだわる必要はありません。豊富な量があるなら、濃い染色液を作りましょう。鍋に黒クルミの量に十分な水を入れます。黒クルミを入れて1時間煮出したら、濾します。濾したも

のは廃棄します。私は、堆肥にユグロンが入らないように、たき火で燃やしています。布が浸かるのに十分な量の染色液を入れ、50℃になるまで加熱します。布が完全に浸かるように入れ、ゆっくりと80℃になるまで加熱します。その温度を1時間保ちながら、よくかき混ぜて浸けておきます。頻繁にかき混ぜて、温度を保ちながらさらに1〜2時間浸けておくと、もっと濃い色に染まることがよくあります。加熱はせずに、布はそのまま最大24時間浸けておきます。80ページに従って布をすすぎ、乾燥させます。オンブレ染めをする際は、80℃で保ちながら1時間以上浸けておきます。染色が完了したら、37ページを参考に染色液を廃棄してください。

鉄や没食子タンニンで灰色や黒に

WOF（布の重量）2〜4%の鉄で媒染すると、茶色がグレーまたは黒に近い色に変化します。黒にするには、WOF10%の没食子タンニンで12〜24時間浸けておきます。次に、WOF5%の鉄で30分間媒染し、布を濃い黒クルミの染色液に直接入れ、温度を82℃になるまで加熱し、1時間保ちながら浸けておきます。

上段：黒クルミのオンブレ染め。
下段：WOF2%の鉄で調整したもの。

残りの染色液で
ニュートラルカラーに染色する

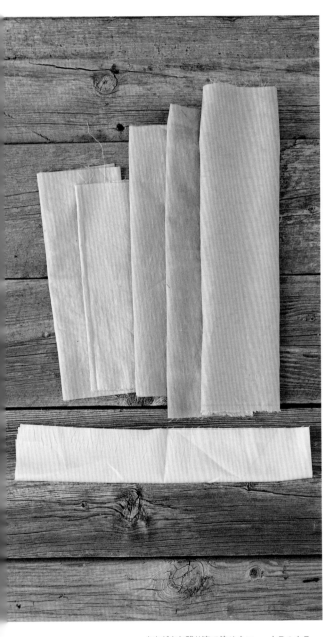

さまざまな残り液で染めたニュートラルカラー。
下に未染色布を置いて、色を比較。

ニュートラルカラー

　キルト作りにおいて、さまざまなニュートラルカラー（無彩色）を取り入れるととても素敵な作品ができます。微妙なニュアンスの色に染めるには、クルミ、カッチ、ホピサンフラワー、オーセージ、残ったタンニン下地染め液などの希釈した染色液を利用します。残り液は希釈しているので、少なくとも45分間浸けたまま放置しても、非常に薄いトーンで染まります。

染め方

　WOF（布の重量）8％の没食子タンニンの下地染め液に6〜24時間浸けておきます。次に、WOF8％硫酸アルミニウムカリウムを使った媒染液に6〜24時間浸けておきます。希釈した染色液を50℃まで加熱し、布を入れ完全に浸けておきます。ゆっくりと温度を70℃になるまで加熱し、その温度を保って、頻繁にかき混ぜながら45分〜1時間浸けておきます。80ページに従って、布をすすぎ、乾燥させます。染色が完了したら、37ページを参考に染色液を廃棄してください。

レシピ 14 ログウッドで 紫／ネイビーブルーに染色する

ログウッド（アカミノキ）

豊かな紫に染まる染料。メキシコ原産の丸太の木の幹材から抽出します。ログウッドは、WOF25%でナスのような深みのある紫に、WOF10%でスモーキーなラベンダーになります。耐光性がそれほど優れていないため、単独染料として使用することはめったにありませんが、鉄媒染することで耐光性が向上し、紫がかった灰色に変化します。黒に染めたい場合は、鉄媒染を染色前に行います。インディゴでオーバーダイした場合、最も濃いログウッドで染めた紫は濃紺に変化し、薄くなったインディゴ液の場合は、薄い紫色がエジプトブルーに変化します。詳しくはレシピ18（77ページ）で紹介していますが、ログウッドとコチニールをミックスして染めて、その後インディゴでオーバーダイした色が特に好きです。

染め方

深い紫に染めるには、ケブラチョまたはスマック（ウルシ）で、WOF（布の重量）10%のタンニンの下地染め液に10〜24時間浸けておきます。WOF12%硫酸アルミニウムカリウム、WOF8%酢酸アルミニウム、またはWOF50%ハイノキ属植物のいずれかを使った媒染液に12〜24時間浸けておきます。WOF25%のログウッドを計量します。鍋にログウッドのウッドチップを入れ、熱湯を注いで3〜12時間浸けておきます。50℃になるまで加熱し、布を入れて完全に浸けて、さらにゆっくりと70℃になるまで加熱します。その温度を保ちながら、よくかき混ぜて1時間浸けたままにします。80ページに従って、布をすすぎ、乾燥させます。オンブレ染め（残り液を利用してグラデーションに染める）をする場合は、残り液を70℃にして布を1時間浸けます。染色が完了したら、37ページを参考に染色液を廃棄してください。

上段：ログウッド染めの薄い色と濃い色。
下段：（左から）1〜2枚目はさらにインディゴで調整、3枚目はWOF2%鉄媒染。

天然染めの染色レシピ　**73**

レシピ 15 ログウッドで黒／グレーに染色する

上段：ログウッド染めのグラデーション。
下段：真っ黒に染めたリネン。

ログウッド黒染

　天然染めの黒い布はとてもゴージャス！　複雑であり、スモーキー、オーガニックなルックスに加えて、素晴らしい深みもあります。このような色は、タンニン下地染め、媒染、そして染色、と手順を積み重ねることで実現します。天然染めした黒の布に手縫いで施されるステッチは、類いまれな美しさです。私は、本当の黒を作る方法を把握するのにとても時間がかかりましたが、実際のところ、黒はとても簡単ですぐに作れる色だと思います。均一な仕上がりにするには、鉄媒染が重要なカギ。残りのタンニン下地染め液、鉄媒染液、染色液で染めると、グレー系に仕上がります。

染め方

　WOF（布の重量）15％の没食子タンニンの下地染め液に12〜24時間浸けておきます。WOF25％のログウッドを計量します。ログウッドチップを鍋に入れ、お湯を注ぎ、8〜24時間浸けておきます。55℃になるまで加熱し、温度を一定に保つように調整します。これとは別に、WOF5％の鉄媒染液を準備し、55〜60℃になるまで加熱したら、布を入れて完全に浸かるようにして、25分間絶えずかき混ぜます。布を取り出して絞って、すすぎをせずに直接ログウッドの鍋に入れ、ゆっくり80℃になるまで加熱します。その温度を保った状態でよくかき混ぜながら1時間布を浸けておきます。

　布を取り出して絞り、バケツに注いだ冷水ですすぎ、余分な染料を取り除きます。布を吊るして乾燥させ、数日待ってから、80ページに従って最後のすすぎを行います。

レシピ 16 | タンジェリン(赤みの強いオレンジ色)に染色する

コンビネーションカラーのレシピ

　45〜74ページで紹介したレシピは、単体の染料を使ったレシピですが、場合によっては、単体ではだせない色を作ってみたくなることもあると思います。ここからはコンビネーション染めの時間です!

　通常、自分が思い描く色に染めるには、かなりの実験が必要ですが、新色レシピの考案、微調整するのは楽しい作業です。特定の色に染めたい目標がある場合は、絵具などでその色を作る方法を調べると役立つことがあります。染料を使うケースと同じというわけではありませんが、カラーメイクの概要を理解するうえで役立ちます。新しい色を混ぜて実験するときは、小さな容器を用意し、小さな布を染色して、WOF(布の重量)を記録します。詳細なメモを取ることが大切です。最終的に色見本でちょうどいい色ができたら、大きな布でテストして、必要に応じてレシピをさらに微調整します。ここでは私が思いついたレシピをいくつかご紹介します。ぜひ、みなさんそれぞれの色合わせを試すきっかけにしていただけたら嬉しいです。

左側は1番液で染めたもの。右側が残り液で染めたもの。

残り液で染めるとオレンジに

残りの染色液で染めると、薄いオレンジシャーベットのような色になります。

染め方

　オーセージとアカネの根を組み合わせます。

　WOF8%の虫瘤、または黄色のタンニンの下地染め液に12〜24時間浸けておきます。WOF12%の硫酸アルミニウムカリウムを使用した媒染液に24時間浸けておきます。オーセージのウッドチップWOF25%を計量します。細かく粉砕したアカネの根WOF8%を計量します。鍋に布が浸かるくらいのお湯を入れ、オーセージとアカネの根を入れます。さらに60℃になるまで加熱し、小さじ1杯の炭酸カルシウムを加え、よくかき混ぜます。

布を入れて、ゆっくり75℃になるまで加熱します。その温度を保ちながら、よくかき混ぜて1時間布を浸けておきます。80ページに従って、布をすすぎ、乾燥させます。オンブレ染めをする際は、残り液を75℃に保った状態で1時間浸けておきます。その後の残り液でさらに薄い色に染める場合は、染色液の一部を捨て、残りに水を加えて薄める必要がある場合があります。染色が完了したら、37ページを参考に染色液を廃棄してください。

オークル(黄土色)に染色する

左側は黄土色。右側はクリのエキスを増やして染めたときの黄土色。

染め方

　WOF(布の重量)8%のクリのエキスを含んだタンニンの下地染め液に12〜24時間浸けておきます。WOF10%の硫酸アルミニウムカリウムの媒染液に12〜24時間浸けておきます。タンニンについての記述で説明したとおり、暗色のタンニンは下地染めまたは染料として使用できるので、このレシピではその両方として使用します。クリエキスは液体または粉末で購入できます。私がこのレシピをテストした際は、粉末を使用しています。

　オーセージのウッドチップWOF30%を計量します。クリのエキスWOF10%を計量します。鍋に布が浸かるくらいの水を入れます。オーセージとクリのエキスを鍋に入れてよくかき混ぜます。50℃になるまで加熱し、完全に浸かるように布を入れ、さらにゆっくり80℃になるまで加熱します。その温度を保ちながら、時々かき混ぜながら1時間浸けておきます。80ページに従って、布をすすぎ、乾燥させます。残り液を使用してオンブレ染めをする際は、80℃に保ちながら1時間浸けておきます。残り液を使って薄い色に染める場合は、染色液の一部を捨て、残った液に水を加えて薄める必要がある場合があります。染色が完了したら、37ページを参考に染色液を廃棄してください。

レシピ 18 紫に染色する

ログウッドとコチニールを組み合わせると、両方のWOF（布の重量）パーセンテージに応じて、色落ちしにくい、さまざまな紫を作ることができます。両染料のWOFを微調整して、どんな紫が作れるのか、発見を楽しみましょう。ここで紹介するレシピは、ログウッドよりもコチニールが強く、アメジストのような紫の作り方です。逆に、コチニールよりもログウッドを強くすることで、深みのあるプラムのような紫になります。残り液でオンブレ染め（グラデーションに染める）を作ることもできます。1番液で染めるとアメジストになります。ログウッドは残り液のほうが強くでて、熟したプラムのような色になることがわかりました。このように染料を組み合わせるのは面白い！　オンブレ染めでグラデーションに染まったものをインディゴ液でオーバーダイすると、プルシアンブルーからエジプシャンブルーまで、複雑な色調のブルーを作りだすことができます。

染め方

WOF10%の没食子タンニンを含む下地染め液に12〜24時間浸けておきます。WOF10%硫酸アルミニウムカリウムを使った媒染液に24時間浸けておきます。乾燥コチニールを粉砕し、WOF10%を計量します。コチニールを少量の水で10分間煮出します。できたものを目の細かい濾し器で濾して、染色槽に注ぎます。同じコチニールで、この手順を少なくともあと3回あるいはコチニールがあまり色を出さなくなるまで繰り返し、少なくとも合計4回濾し取ります。使い終わったコチニール粉末は堆肥にします。布が浸かるくらいの水を槽に注ぎます。ログウッドのチップWOF5%を計量したものを加えます。50℃になるまで加熱し、完全に染色液に浸かっている状態で、ゆっくり80℃になるまで加熱します。温度を保ちながら、時々かき混ぜながら1時間浸けておきます。80ページに従って布をすすぎ、乾燥させます。残り液を使用してオンブレ染めでグラデーションに染めるには、残り液を80℃に保ちながら1時間浸けておきます。残り液で薄い色を作るには、染色液の一部を捨て、残った液に水を加えて薄める必要がある場合があります。染色が完了したら、37ページを参考に染色液を廃棄してください。

残り液で染めた紫のグラデーション。

ヤマヨモギ色に染色する

異なる濃度のミロバラン下地染めとインディゴオーバーダイで、
色の濃淡を作ります。

これは私のお気に入りの色の一つで、多くの作品に使っています。染めたときの色の濃淡は、オーバーダイのインディゴ液濃度によって決まります。薄いヤマヨモギ色は、ライトブルーに染まるくらいのインディゴ残り液に入れると最もよい仕上がりになります。そのため、この色は残り液ができるのを待つ必要があり、染色槽の持続についても研究、実践できるよい動機になります。もっと濃い青緑に近い色に染めるには、濃い染色液で染めるといいでしょう。このレシピでは、ミロバランを淡い黄色の下地として使用することを推奨しています。ミロバランは、媒染剤を使わずに色がつくためです。あるいは、オーセージまたはウェルドの残り液の最も薄い黄色になったものを使用して、この色を作ることもできます。

染め方

WOF（布の重量）20%のミロバランのタンニン下地染め液に24時間浸けておきます。色が落ちなくなるまでよくすすぎます。続けて、布を薄めのインディゴ液に約3分間浸けると空色になります。布が酸化したら、均一に色がついているかを確認します。もう1回、2度目の短時間の浸染をすることで、均一性と堅牢度が向上します。残ったミロバラン液は、残り液として黄色に染色する際に再利用でき、32ページのタンニン下地染めのレシピのとおり、補給して再び利用できる状態にします。

オーバーダイで好みの色に

媒染も染色もうまくできた布をオーバーダイしたい場合には、再度媒染する必要はありません。私自身は、あまりオーバーダイはしませんが、薄い色の印象を変える手段として行うことがあります。仕上がった色に満足いかない場合は、その色を自分の作品で使いたくなるような色に変える方法を考えてみましょう。

ピーチ色に染色する

左側は1番染色液で染めたピーチカラー。
右側は残り液で染めたダスティピーチ。

染め方

このレシピで染色すると、1番液で染めた布は、熟したジューシーなピーチカラーのような色になります。残り液で染めると、可愛らしいダスティピーチカラーになります。

WOF（布の重量）10%の没食子タンニンを含む下地染め液に12〜24時間浸けておきます。WOF12%硫酸アルミニウムカリウムの媒染液に24時間浸けておきます。WOF10%オーセージのウッドチップを計量します。細かく粉砕したWOF7.5%アカネの根を計量します。鍋に布が浸かるくらいのお湯を入れ、オーセージとアカネの根を入れて、そこに粉砕したコチニールまたはコチニールエキスひとつまみも加えてかき混ぜます。布を染色液に完全に浸かるように入れ、ゆっくり75℃になるまで加熱します。その温度を保って時々かき混ぜながら1時間浸けておきます。80ページに従って、布をすすぎ、乾燥させます。オンブレ染めで残り液を使用すると、グラデーションに仕上がります。残った染色液を75℃に保ちながら1時間浸けておきます。染色が完了したら、37ページを参考に染色液を廃棄してください。

最後のすすぎ

　私にとっては、すすぎは天然染色のプロセスの中で最もつまらないステップです！

　布を染色槽から取り出したら、水で1〜2回洗い流して、余分な染料を取り除き、直射日光の当たらない場所に吊るして乾燥させます。乾いたら、布はすすぎ作業へと移行しますが、最後のすすぎをする前に、天然染料が布に硬化するまで少なくとも1週間待ちます。バケツに温水を入れ、pH中性の天然液体洗剤を少量加え、時々かき混ぜながら布を約15分間浸けておきます。最初のすすぎ以外、2回目以降のすすぎにはすべて冷水を使用できます。安心してキルトに使えるように、すすぎの水が透明になるまで、数回、場合によっては12〜24回のすすぎが必要なこともあります。色移りを防ぐため、

すすぎは丁寧にしてください。色落ちしない保証を得るため、テストとして白い布と一緒に洗濯機で最終洗いしてみるのもいいと思います。白い部分に色移りがなければ、すすぎは完了です。最後のすすぎが完了したら、布を吊るして乾燥させ、圧縮して折りたたみ暗い所に保管してください。

染色日誌

　私は本を読んだり、授業を受けたり、可能な限り情報を収集したりして、天然染料の芸術とアルケミーについて多くのことを学びました。しかし、最も貴重な学びは、自分で実験し、途中で詳細なメモを取ることで習得してきたと感じています。私は、染色日誌を常に参照し、アトリエでは開いた状態にして、常に見ることができるようにしています。私の日誌には、私の住むエリアの水質のことや、アルケミーによって作られる色、WOF（布の重量）、色調について詳細に記録しています。私にとって、自分の日誌ほど価値のある染色資料はありません。どのよ

うなタイプのスケッチブックでも日誌をつけることができます。プロセスを開始するたびに、布の重量と種類、タンニンと媒染剤の種類と量、WOF、染料の抽出方法、温度や時間などを記します。教訓を記しておくのもいいでしょう。染めた布をすすいだら、小さい布切れを見本用に切り取って、メモの横に貼り付けておいても便利です。オーバーダイをする場合は、オーバーダイ「前」の布と、「後」の布も必ず貼り付けておくと役立ちます。私はそういった染色見本を接着剤やボンドで貼り付けています。

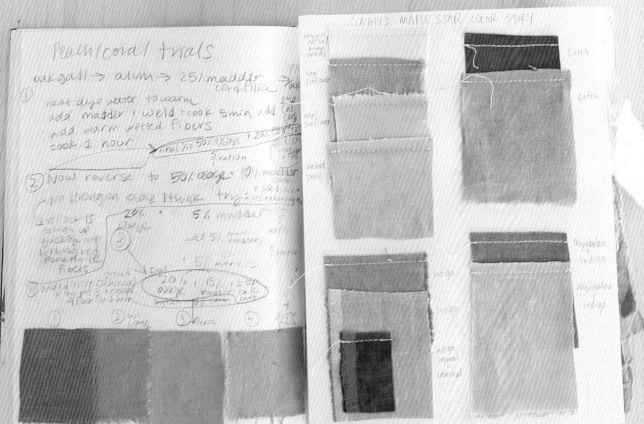

3.
天然染めのキルト
—伝統的キルトパターンの作り方—

ファームに冬が訪れると、必要な休息をとり、来シーズンの計画を立て、薪ストーブに薪をくべたり、壊れたものを修理したり…特に、暑い夏の日に染めておいたさまざまな色からキルトを作る時間でもあります。染めた布たちはまるで夏色を捕えたような佇まいです。ファームの冬時間はゆっくりと、私に至福の喜びを与えてくれます。短い日々が過ぎ、やがて春を迎えると、日も一段と長くなり、再びサイクルが始まります。

創作意欲は無意識に湧いてくるもので、もの作りは、私にとって自分自身をケアする癒しの一つです。創造性は人間に本来備わったものですが、現代世界の娯楽や需要のせいで、しばしばその特性は奪われています。人の手から作られたものは、大量生産されたものとは比較にならない特別でユニークなものです。

私はキルト作りよりもかなり前に、服を縫い始めました。頭の中では、キルティングはいつかやりたいと思っていましたが、難しい手仕事のように感じていました。裁縫からでたはぎれが、かごにいっぱい溢れるようになり、何年も子供たちのために作った服の特別なはぎれを手放すことができないとなったときに、そのいつかがやってきたのです。ついに私の最初のキルト作品が誕生しました。

キルト作りに必要な道具

人々は何百年もの間、高価な道具を使わずとも、美しいキルトを作り続けてきました。はさみ、ピン、針、糸、メジャー、指ぬきがあれば始めることができたのです。キルターのために作られた現代の道具は、ありとあらゆる種類があり素晴らしいのですが、私自身はといえば、基本に固執しがちです。布専用の良質な裁ちばさみ、ロータリーカッター、マット、キルティング定規を使って、布をカットします。また、ブロック（ピースをはぎ合わせてできた、一続きのかたまり）をトリミングするのに便利な、違うサイズの直角定規も持っています。アイロンは必須

アイテム。どんなアイロンでもいいですが、ドライアイロンはソールプレートに縫い目が引っかかるスチーム穴がないのでおすすめです。必要に応じて、スチームの代わりに霧吹きを使用します。ミシンは投資であり、多くの選択肢があります。私は自動糸切り機能付きの直線縫いミシンが好きです。もちろん、ミシンを使わず、手縫いすることもできます。

- 裁ちばさみ
- 糸切りばさみ
- セルフヒーリング（カッター跡がつかない）カッティングマット
- ロータリーカッター
- カッティング定規
- シームリッパー
- 水性チャコペン
- テーラーメジャー
- ガラス玉まち針
- ミシン
- アイロン
- アイロン台またはプレスパッド
- 6mm幅定規
- シャープペンシル
- 方眼定規

次ページ:

1. キルト定規
2. 6mm幅定規
3. シャープペンシル
4. ガラス玉まち針
5. テーラーメジャー
6. 糸切りばさみ
7. チャコペン
8. シームリッパー
9. ロータリーカッター
10. 裁ちばさみ
11. アイロン

パレットの選択

　多くの場合、キルトをデザインする最初のステップの一つはパレット(色の組み合わせ)を選択することですが、どんなパレットでもすべて素敵です。天然染めの布を扱うときは、自然の色どうしが衝突することはほとんどなく、自然の力を味方につけることができます。しかし、天然染めの色どうしで個性的なパレットを作れるというわけではありません。私にとって、パレットの選択はありとあらゆるところから影響を受けています。自然や街で見たもの、あるいは絵画からインスピレーションを受けることもあります。染色槽から取り出したばかりの色からインスピレーションを受けることもあり、それが私の出発点です。ほかの色と並べてみて、どれを組み合わせたらいいのかを吟味して、完全に自分の感覚で決めていきます。この色の隣にあれを置いたらどんな感じ?といった具合に、その配色が好きで正しいと感じたら、それを続けます。よくわからないと思ったら、それは「いいえ」を意味します。これだと感じるまで、色を組み合わせ続けます。たった1色を足したり引いたりするだけでも雰囲気が大きく変わるところが面白いのです。多くの場合、最初にパレットを選択し、それを基にデザインを決めますが、デザインが最初で、そのデザインが際立つものをと考えて色選びをすることもあります。参考として、本書に掲載しているキルト作品のパターンには、私が使用した色の配合も記載していますが、ぜひみなさんの好きな色をベースにパレットを作ってみてください。

縫い代

　キルトの標準的な縫い代は6mm*です。この章で紹介するすべての作品は、特に明記されていない限り、縫い代6mmが必要です。

＊ 日本では縫い代7mmが標準になっています。

四角つなぎの
パッチワークキルト

　私は、四角つなぎのパッチワークキルトが大好きです。なぜなら、これがきっかけでキルト作りへの情熱が始まったからです。シンプルな正方形は、布をカットして縫い合わせたり、縫い代どうしを合わせたりなど、キルトの基本原則が詰まっていますので初心者のみなさんにもおすすめです。正方形のパッチワークキルトの構成はシンプルですが、色の組み合わせを選択するのは悩ましいと思います。

　シンプルなデザインだからこそ、グラデーションカラーを活かすには絶好です。グラデーションには、好きなレシピから6色のグラデーションを作ります。グラデーションができたらそのまま使うこともできますし、鉄媒染やインディゴでオーバーダイして色を調整して使うこともできます。続いて、グラデーションが活きるベースの色を考えます。もちろんプレーンホワイトも選択肢の一つ。私は染色した布をためていますので、違う色のベースで正方形のグラデーションを合わせることもできます。この作品は、ヤマヨモギ色のベースにグラデーションを配置してみて、まさにこれ！とすぐに感じました。色やデザインをあれこれ試すときは、スマートフォンで写真を撮ってみると、視点を絞って作品を見ることができてとても効果的です。このキルトのでき上がり寸法は、122cm×122cm。サイズを拡大、または縮小する場合は、ブロック（ピースをはぎ合わせてできた、一続きのかたまり）数を増減するか、正方形のサイズを増減するだけで調整できます。

でき上がり寸法

- 122cm×122cm

ブロック

- でき上がり寸法：20cm×20cm
- 合計36枚

材料

下記は、この作品に使用したカラーを掲載していますが、それぞれ好みの色で作ってみましょう。グラデーションリストの色の代わりに、異なる6色を使ってカスタムすることもできます。

キルトトップ

- オーセージゴールド（レシピ6）のオンブレ染めした6色のグラデーションをインディゴ（63ページ参照）でオーバーダイして緑にした布6枚：46cm×46cm
- ヤマヨモギ（レシピ19）に染色した布：183cm×183cm

裏布、キルト芯、バインディング

- 中強濃度のインディゴ染めしたコットン（62ページ参照）をオーセージゴールド（レシピ6）でオーバーダイした裏布：183cm×183cm
- キルト芯：127cm×127cm
- アカネの根で染めた（レシピ1）日本製刺し子用 PFD（染色前糸）：100m
- オーセージゴールドの残り液で染めてから2％の鉄媒染（37ページ参照）したバインディング用布：46cm×46cm

カッティング

6.5cm×6.5cm[*] にカット

- ベース用の布（ヤマヨモギ）288枚
- 6色グラデーション（オーセージゴールド）288枚
- 6色のグラデーションから簡単にカットするには、6枚のピース（1枚の布）からそれぞれ24枚ずつカットすることですが、自身のインスピレーションでランダムにカットしてもいいと思います。例えば、グラデーションの中でほかの色より目立つ1色を配置するなら、ポップカラー6枚にするとか、それともポップカラーをもっと使いたい？といった具合に、パレットを決める過程を楽しみ、これだと感じるまで色を動かして見比べてみましょう。ブロックに縫い合わせる前に、デザインウォール（97ページ参照）または床に、正方形にカットしたピースを配置してデザインを決めていきましょう。

* inch 表示を cm に変換しています。ピースのでき上がり寸法は 5cm なので縫い代を微調整してください。

1. キルトトップを作ります。ブロック（ブロック1枚＝16ピース）の配置をします。各ブロックは、グラデーションカラー（オーセージゴールド）8枚とベース（ヤマヨモギ）8枚を組み合わせます。写真のとおり、交互に縦4列×横4列に配置します。

2. 写真のとおり、正方形の横の列を縫い合わせ、4枚のパーツにします。アイロンをかけながら縫い代を開きます。

3. 縫い代を合わせて、手順2でつなげたパーツどうしを縫い合わせます。アイロンをかけながら縫い代を開きます。

4. 手順1〜3を繰り返し、ブロックを合計36枚作ります。

5. デザインウォールまたは床にブロックを縦に6枚、横に6枚並べます。

6. 縫い代を合わせて横の列を縫い合わせ、6枚のパーツにします。アイロンをかけながら縫い代を開きます。

7. 縫い代を合わせて、手順6でつなげたパーツどうしを縫い合わせます。アイロンをかけながら縫い代を開きます。

8. 161ページのとおり、裏面を作ります。

9. 164ページのとおり、裏布・キルト芯・キルトトップを重ねます。

10. 165ページのとおり、キルティング（キルトトップ・キルト芯・裏布の3層を重ねて刺し縫いをすること）します。

11. 168ページのとおり、キルトの端をバインディングします。

メモ：初めてのキルト作りでこの作品に挑戦する場合は、第4章「キルト作りの基本テクニック」（138ページ）の手順を確認しましょう。

バッファローチェックバージョン

　このバージョンは、天然未白リネンと白リネンのベース布にさまざまな色合いを組み合わせて楽しむことができます。染色レシピから染める色を選択し、1m×1m未白のリネンを染めます。次に、残り液を使用して1m×1mの白リネンを染めます。私はヤマヨモギ（レシピ19）を選択。どちらの布もミロバランのタンニンで下地染めし、濃い色のリネンを薄いインディゴ液に3回浸け、白リネンを2回浸けました。この2色の濃淡をつける方法に正確なルールはありません。大きな差をつけるために必要とされることは何でもやってみる必要があります。2色を白黒で撮影してみると、十分な違いがでているかを判断するのに役立ちます。白黒写真に写った2色が同じに見える場合は、一方をもっと濃くする作業が必要になります。未白リネンを使用する代わりに、白い布を暗色のタンニンで下地染めすると、もっと濃い色のベースカラーに仕上げることができます。実験の目的は色々なやり方の可能性を探ってみることです。四角つなぎのパッチワークキルトの作り方（91ページ）で説明しているとおり、16ピースをつなぎ合わせたものをブロック1枚として縫い合わせていきます。

バッファローチェックバージョン。
ブロック1枚のレイアウト。

タンブルウィード(回転草)のキルト

　このキルトは、私が見つけた19世紀の人形キルトの写真からインスピレーションを受けて制作したものです。このキルトを構成するのは、フォーパッチ、QST(クオータースクエアトライアングル、別名:砂時計)、そしてHST(ハーフスクエアトライアングル)です。この3つは、伝統的なキルトブロックに見られる最も基本的な形です。これらをさまざまな方法で組み合わせることで、スター柄のブロックやベアクロー、ほかにも多くのブロックを作ることができます。ヴィンテージキルトを見て同じものを作ってみることは、スキルを高め、構築するのに最善の方法です。キルトをいくつか再現してみたら、オリジナルのブロックをデザインする準備ができて、インスピレーションが沸いてくるかもしれません。

　この作品は、ベース用布にナチュラルコットン、メインカラーはグレーを使用。この色合わせは、冬の高原の砂漠の荒涼とした色、ヤマヨモギ色、冬の木々や空、街から帰る途中で道路を横切るタンブルウィードの色からインスピレーションを得たものです。ボーダー(縁/へり)に配置した黒は、のこぎり歯のハーフスクエアトライアングル。まるで身を切るような寒さと、長く暗い冬の夜に包まれた感覚を表現しています。みなさんそれぞれにとって何か意味を込めたパレットを自由に制作してください。

　作り方の説明では、ブロックとボーダーを作るのに必要な正方形の枚数と、私が選んだ色の長さが記載されていますが、この作品でみなさんに提案したいのは、色や各色の枚数を自分なりに少し考えてみようということです。例えばカットやアレンジの仕方など。ぜひこの過程を楽しんでください!　紹介している作り方は、ツインサイズの掛け布団を対象としています。サイズを拡大または縮小するには、それに応じて作成するブロックの数を増減します。

でき上がり寸法

- 162cm×222cm（ツインベッド用）

ブロック

- でき上がり寸法：20cm×20cm
- 合計70枚（フォーパッチ35枚、QST35枚）

材料

タンブルウィード

- 黒に染色した布（レシピ15）：91cm×91cm
- 黒の残り液でグレーに染色した布：91cm×91cm
- 濃いインディゴ液で染色した布（レシピ7）：23cm×23cm
- 薄めのインディゴ液で染色した布（レシピ7）：23cm×23cm
- カッチの濃い染色液で染色した布（レシピ9）：23cm×23cm
- カッチの残り液で染色した布（レシピ9）：23cm×23cm
- ヤマヨモギ色に染色した布（レシピ19）：46cm×46cm
- 天然オーガニックコットンモスリン：183cm×183cm
- ストライプのプリント布（服を縫ったときの余り布）：23cm×23cm

裏布、キルト芯、バインディング

- 裏布（ためておいた天然染めのストック布を使用）：3.6m×3.6m
- ツインサイズのオーガニックコットンのキルト芯
- 刺し子糸（白、または好きな色）：200m
- グレーに染色（レシピ15）したバインディング用布：91cm×91cm

カッティング

QST（砂時計）のブロック：14cm×14cmにカット

- 天然オーガニックコットン70枚（私が行ったように、明るい色のプリント布と自由に組み合わせます）
- タンブルウィードの各色をミックスして70枚。それぞれの色を均等に同じ枚数カットしても、自由に増減してもどちらでも構いません。

フォーパッチブロック：11.5cm×11.5cmにカット

- 天然オーガニックコットン70枚（私が行ったように、明るい色のプリント布を自由に組み合わせるのもおすすめ）
- タンブルウィード各色からミックスして70枚
  繰り返しになりますが、それぞれの色を均等に同じ枚数カットしても、自由に増減してもどちらでも。

のこぎり歯のボーター

- 天然オーガニックコットン：12.5cm×12.5cmを34枚
- 黒に染色した布：12.5cm×12.5cmを34枚
- 天然オーガニックコットン：11.5cm×11.5cmを4枚（コーナー用）

作品の写真を見ると、白い正方形のところが明るいストライプのプリント布、黒のところにはグレーを何カ所か入れていることにお気づきの方もいらっしゃると思います。配色は楽しむ以外にルールはありません。

1. 150ページのとおり、14cm×14cmの天然オーガニックコットンと14cm×14cmのQST用の色を組み合わせて、QST（砂時計のパターン）を140枚作ります。できたQSTを11.5cm×11.5cmにトリミングします。

2. 147ページのとおり、11.5cm×11.5cmのピースでフォーパッチのブロックを35枚作ります。

3. QSTでフォーパッチのブロックを35枚作り、写真のようにブロックを並べ、位置を決めます。

4. デザインウォールまたは床に、縦10ブロック×横7ブロックになるように配置します。QSTブロックとフォーパッチブロックを交互に配置します。ブロックを縫い合わせる前に、ブロックの配置が十分満足のいくものになるまで確認してください。スマートフォンで写真を撮ってみると便利です！

5. 縫い代どうしを合わせて横1列を縫い合わせ、10枚のパーツにします。アイロンをかけながら縫い代を開きます。

6. 縫い代どうしを合わせて手順5でつなげたパーツどうしを縫い合わせ、アイロンをかけながら縫い代を開きます。

7. 148ページのとおり、12.5cm×12.5cmの黒と12.5cm×12.5cmの天然オーガニックコットンを組み合わせて、HST（ハーフスクエアトライアングル）を68枚作ります。できたHSTを11.5cm×11.5cmにトリミングします。

縫い合わせてブロックを作る前に、デザインウォールに正方形のピースを配置しているところ。

8. HST(ハーフスクエアトライアングル)をキルトの周りに配置し、のこぎり歯模様になるようにHSTの向きを決めます。コーナーには、天然オーガニックコットンの11.5cm×11.5cmを配置します。

9. 縦のボーダー(HST20枚)を縫い合わせます。

10. キルトトップの縫い代と合わせて、HSTを縫い付けます。

11. 手順9、10を繰り返し、もう片側の縦のボーダーも同じように縫い付けます。

12. 横のボーダー(HST14枚)と両端のコーナーの2枚の正方形を縫い合わせます。

13. キルトトップの下部分の縫い代と合わせて、ボーダーを縫い付けます。

14. 手順12、13を繰り返し、キルトトップの上部分にもボーダーを縫い付けます。

15. 161ページのとおり、裏面を作ります。

16. 164ページのとおり、裏布・キルト芯・キルトトップを重ねます。

17. 165ページのとおり、キルティング(キルトトップ・キルト芯・裏布の3層を重ねて刺し縫いをすること)します。

18. 168ページのとおり、キルトの端をバインディングします。

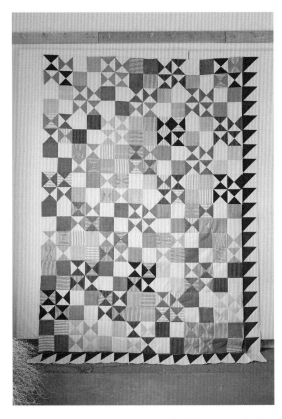

ボーダー用にのこぎり歯を配置しているところ。

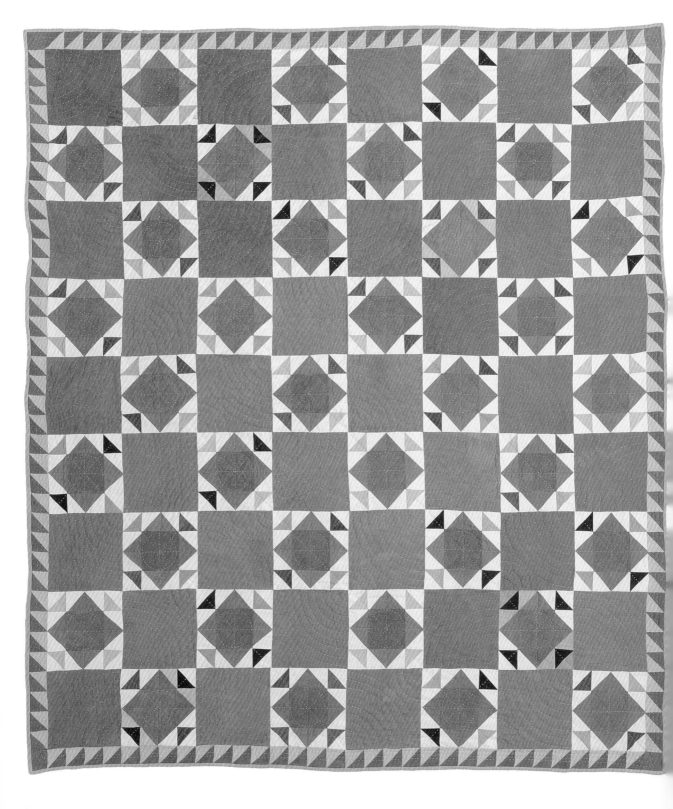

夏の賛歌

- - - - - - - - - - - - - - - - -

　豊かな緑をベースの布に、アカネの根から染めたレッドやピンクを組み合わせ、夏を存分に感じることができる作品を作りました。この伝統的なジャック・イン・ザ・プルピットというブロックのバリエーションでは、ブロックの模様でよく見られるフラインググースという基本パターンを紹介しています。「ジャック・イン・ザ・プルピット」を見ると、HST（ハーフスクエアトライアングル）と正方形が入っています。HST2枚を縫い合わせて、フラインググースを作れることにすでにお気付きかもしれませんが、この形はもちろん選択肢の一つです。多くの場合、ブロックの形の構築にはさまざまな方法があります。

　このブロックは、未染色のナチュラルカラーをベースにしていてとても素敵。その場合、染色作業がはるかに少なくて済みます。このキルトのサイズを拡大または縮小するには、それに応じてブロックを増減することができます。

でき上がり寸法

- 249cm×223cm（クイーンサイズベッド用）

ブロック

- でき上がり寸法：26cm×26cm
- 合計72枚
  （ジャック・イン・ザ・プルピット36枚、スペーサーブロック*1 36枚）
  *1 無地の四角のピース

材料

キルトトップ

- オリーブグリーンに染色したオーガニックコットンヘンプ：
  4.5m×4.5m。染色方法は、「オーセージゴールドに染める」
  （レシピ6）で解説。
- 無染色のオーガニックコットンヘンプ白：91cm×91cm
- アカネの根で染色したピンク（レシピ2）：91cm×91cm
- アカネの根で染色したレッド（レシピ1）：46cm×46cm

裏布、キルト芯、バインディング

- 裏布：4.5m×4.5m
- クイーンサイズのキルト芯（コットン）
- 手縫い用キルト糸：400m
- ヤマヨモギに染色したバインディング用布（レシピ19）：
  91cm×91cm

カッティング

HST（ハーフスクエアトライアングル）：9cm×9cmにカット

- コットンヘンプ白72枚
- アカネの根染めピンク36枚
- 茜色染めレッド36枚

フラインググース

- オリーブグリーン17cm×17cmを36枚
- コットンヘンプ白10.5cm×10.5cmを144枚
  （カラーも組み合わせて楽しむのもおすすめ！）

ジャック・イン・ザ・プルピットの中心

- オリーブグリーン14.5cm×14.5cmを36枚

スペーサーブロック

- オリーブグリーン27.5cm×27.5cmを36枚

のこぎり歯のボーダー

- アカネの根で染めたピンク9cm×9cmを68枚
- オリーブグリーン9cm×9cmを68枚
- オリーブグリーン8cm×8cmを4枚（コーナー用）

1. 151ページのとおり、17cm×17cmのオリーブ
   グリーンと10.5cm×10.5cmのコットンヘンプ
   白で、フラインググースを144枚作ります。でき
   たフラインググースを8cm×14.5cmにトリミン
   グします。

2. 148ページのとおり、9cm×9cmのコットンヘン
   プ白に、アカネピンクやアカネレッドを組み合
   わせて、HST（ハーフスクエアトライアングル）を144
   枚作ります。できたHSTを8cm×8cmにトリミ
   ングします。

3. 写真3のように、手順1と手順2でできたピース
   をジャック・イン・ザ・プルピットになるように配置
   して、真ん中に14.5cm×14.5cmのオリーブグリ
   ーンを置きます。

4. 縫い代を合わせて、横の列を縫い合わせ、写真
   のとおり3枚のパーツにします。アイロンをかけ
   ながら縫い代を開きます。

5. 縫い代を合わせて手順4でつなげたパーツどう
   しを縫い合わせてブロックを完成させます。アイ
   ロンをかけながら縫い代を開きます。

6. 手順3〜5を繰り返して、ブロックを合計36枚作
   ります。

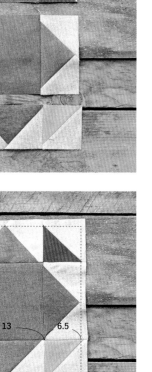

ポイント

　ピースどうしをスムーズに縫い合わせるには、作業の流れをよく考えてみることが役立ちます。私の場合は、まず中央の正方形の両側のフライングを縫い合わせ、真ん中の列36枚すべてを作ることから始めました。次に、すべての形が正しい方向になるように注意しながら、残りのフライングの両側にHST（ハーフスクエアトライアングル）を縫いました。これですべての横の列ができ上がったら、上下の縫い合わせたものを真ん中に縫い付ける、といった具合に進めました。

7

11. キルトの周囲に手順10のHSTをのこぎり歯のボーダーになるように並べ、向きを決めます。コーナーに8cm×8cmのオリーブグリーンを置きます。

12. 縦36枚のHSTを縫い合わせ、ボーダーを作ります。

13. 縫い代を合わせて、キルトトップと手順12のボーダーを縫い付けます。

14. 手順12、13を繰り返しもう片側の縦のボーダーも縫い付けます。

15. HST32枚とコーナーの正方形を縫い合わせ、横のボーダーを作ります。

16. 縫い代を合わせて、キルトトップの下端にボーダーを縫い付けます。

17. キルトトップの上端も同じように手順15、16を繰り返します。

18. 161ページのとおり、裏面を作ります。

19. 164ページのとおり、裏布・キルト芯・キルトトップを重ねます。

20. 165ページのとおり、キルティング（キルトトップ・キルト芯・裏布の3層を重ねて刺し縫いをすること）します。

21. 168ページのとおり、キルトの端をバインディングします。

7. デザインウォール、または床に、縦9ブロック×横8ブロックになるように配置します。左上コーナーはジャック・イン・ザ・プルピットのブロックから始め、オリーブグリーンのスペーサーブロックを交互に配置します。特に、アカネレッドの配置を考慮しながら、流れるようなデザインになるまでブロックを並べます。私はほとんどの場合、キルトに視覚的な面白さを加えたくて、ほかのブロックとは少し異なるユニークなブロックを数枚加えています。

8. 縫い代どうしを合わせて横の列を縫い合わせて9枚のパーツにします。アイロンをかけながら縫い代を開きます。

9. 縫い代を合わせて、手順8でつなげたパーツどうしを縫い合わせ、アイロンをかけながら縫い代を開きます。

10. ボーダーのHST（ハーフスクエアトライアングル）を作ります。148ページのとおり、アカネピンクとオリーブグリーンを組み合わせて、HST136枚を作ります。できたHSTを8cm×8cmにトリミングします。

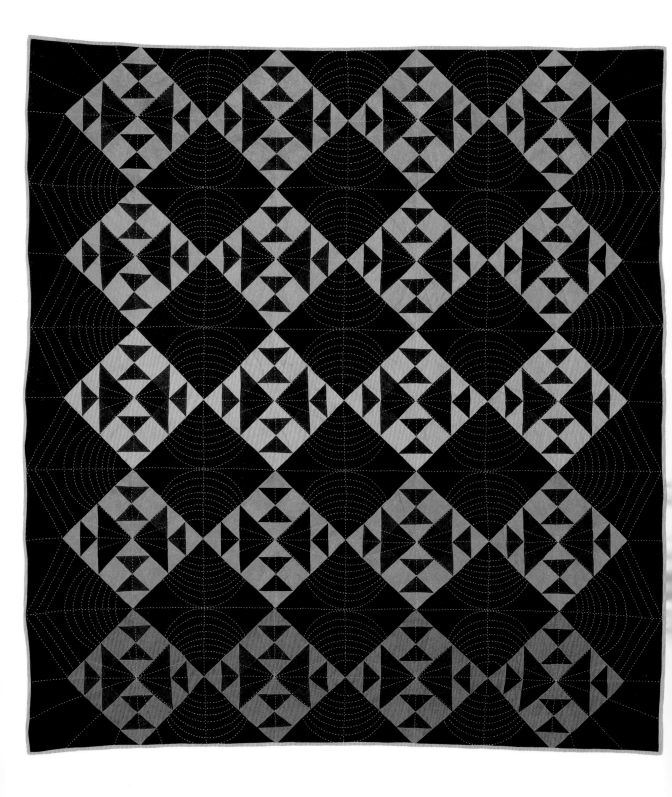

ジャックラビットのキルト

　ある日の夜、娘と私は、町から家に帰る車中で、道路の真ん中を2匹のジャックラビットが走っているところに出くわしました。2匹は車の前を1.5キロ以上走り、振り付けのあるダンスを踊るように優雅にジグザグしたり交差したり。大きな耳はヘッドライトの光があたり、キラキラ光っていました。それはまるで魔法のようなひとときで、時間がゆっくりと流れているように感じられました。この伝統的なオールドメイドパズルのキルトは、そのときの瞬間をキルトという形で表現する機会を私に与えてくれたのです。

　暗い夜を黒をベースに、ヘッドライトに照らされてジグザグに走るジャックラビットを幾何学模様で表現した作品。ブロックは、正方形とHST(ハーフスクエアトライアングル)のみで作りやすいですが、この作品で紹介したいスキルは、ブロックをオンポイントセッティング、つまりブロックをまっすぐ正方形に置くのではなく、斜めにダイヤモンド形(オンポイント)に配置する方法で、この作品のように特定のブロックがより視覚的におもしろく、ダイナミックになります。スキルの一つとして、自分の引き出しに入れておくと役立つかと思います。

　また、この作品では、夜を表すベースとして、天然染めの美しい黒の布を数m作れる絶好のチャンス。実物はキングサイズベッドにぴったりのサイズです。このサイズを小さくするには、ブロック数を減らすか、ブロック自体のサイズを小さくします。HST(ハーフスクエアトライアングル)のサイズを変更したい場合は、148ページのHSTの作り方で、好きなサイズでHSTを作る方法を解説しています。オンポイントブロックの計算式については、157ページ「オンポイントセッティング(斜めのセッティング)」で解説しています。

でき上がり寸法

- 231cm×251cm（クイーン、またはキングサイズベッド用）

ブロック

- でき上がり寸法：35.5cm×35.5cm
- 合計32枚
  （オールドメイドパズルのブロック20枚、スペーサーブロック12枚）

材料

キルトトップ

- 黒に染色した布（レシピ15）：5.5m×5.5m
- WOF（布の重量）15%ケブラチョで染めた布（レシピ10）：
  91cm×91cm
- 残り液のケブラチョで染めた布（レシピ10）：91cm×91cm
- WOF10%黒クルミで茶色に染めた布（レシピ12）：
  91cm×91cm
- WOF20%ヒマラヤルバーブで染めた布（レシピ11）：
  91cm×91cm
- 残り液のヒマラヤルバーブで染めた布（レシピ11）：
  91cm×91cm

裏布、キルト芯、バインディング

- 裏布：5.5m×5.5m（残り液で染色した布を使っても素敵）
- キングサイズのコットンのキルト芯
- 手縫い用キルト糸：400m
- 黒クルミで染色したバインディング用布（レシピ12）：
  91cm×91cm

カッティング

- 黒11cm×11cmを100枚
- 黒以外5色11cm×11cmを各20枚
- 黒10cm×10cmを40枚
- 黒以外の5色10cm×10cmを各16枚
- 黒37cm×37cmを12枚
- 黒54cm×54cmを4枚
- 黒28cm×28cmを2枚
- 黒15cm幅を2枚
  （長さはキルトトップのでき上がり寸法に合わせてのちほど決める）

ジャックラビットのブロックのレイアウト（手順2を参照）。

デザインウォールに並べたジャックラビットのブロック。
5列目は壁に収まらず床に置いています。

1. 148ページのとおり、11cm×11cmの黒と11cm×11cmの黒以外の5色でHST（ハーフスクエアトライアングル）を200枚作ります。できたHSTを10cm×10cmにトリミングします。

2. 手順1のHSTと10cm×10cmにカットしたピースで、108ページ写真上のようにピースを4列×4列に配置します。

3. 縫い代どうしを合わせて横の列を縫い合わせ、4枚のパーツにします。アイロンをかけながら縫い代を開きます。

4. 縫い代を合わせて手順3でつなげたパーツどうしを縫い合わせます。アイロンをかけながら縫い代を開きます。

5. デザインウォール、または床にブロックを並べ、縦5ブロック×横4ブロック（各色1列ずつ）配置します。ブロックは斜めにダイヤモンド型になるように並べます。

6. 開いているスペースに、37cm×37cmの黒12枚を配置します。

7. 51cm×51cmの黒を対角線2本に沿ってカットし、4枚の二等辺三角形を作ります。キルトの周囲の空いているスペース14カ所に、二等辺三角形を置きます（二等辺三角形のピースは2枚余ります）。

8. 28cm×28cmの黒2枚をそれぞれ対角線1本に沿ってカットし、合計4枚の三角形を作ります。

9. 157ページの「オンポイントセッティング（斜めのセッティング）」の作り方を参照し、ブロックの斜めの列どうしを縫い合わせます。

ブロックを斜めに配置。周囲に三角形、コーナーに直角三角形を配置して、オンポイントセッティング（斜めのセッティング）のキルトトップを作ります。

10. 159ページのボーダーの作り方を参照し、キルトの両端に15cm幅の黒をボーダーとして配置します。

11. 161ページのとおり、裏面を作ります。

12. 164ページのとおり、裏布・キルト芯・キルトトップを重ねます。

13. 165ページのとおり、キルティング（キルトトップ・キルト芯・裏布の3層を重ねて刺し縫いをすること）します。

14. 168ページのとおり、キルトの端をバインディングします。

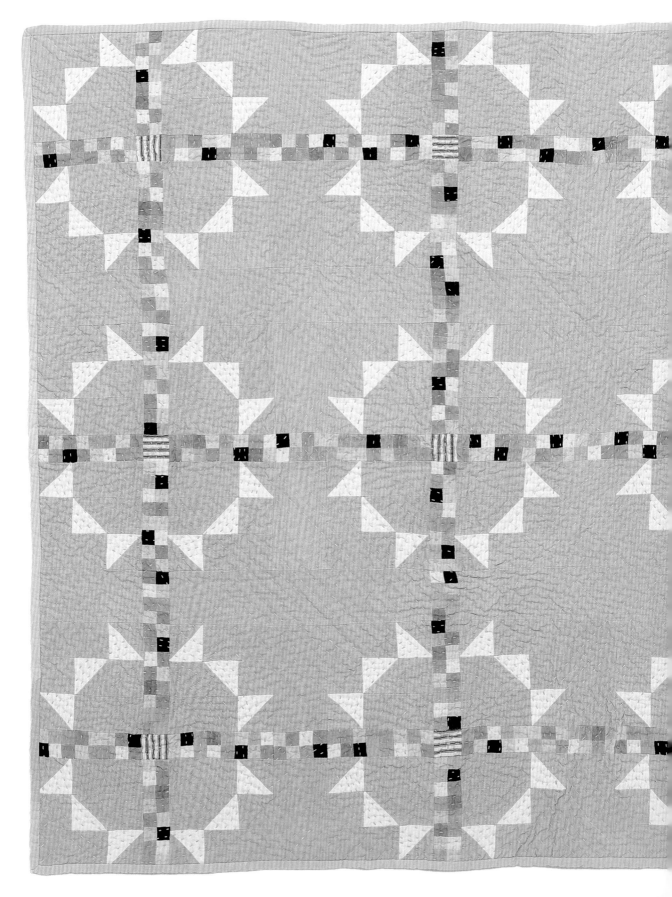

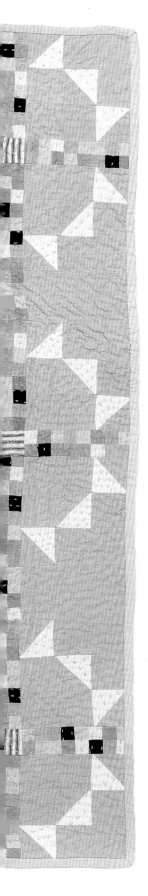

マイセリウムのキルト

　マイセリウム（菌糸体）は、驚くほど細い真菌糸の集合体で、大規模な菌糸体ネットワークを形成しています。菌糸体は、地下全体に張り巡らされた植物の根ともつながり、相互に連携しています。水、栄養素、ミネラルはこのネットワークを通じて伝達され、木々はそれを通じてお互いに情報や栄養のやりとりができます。菌糸体は相互接続の美しい一例です。このキルト作品の白い星は、小さなはぎれを使い、入り組んだ菌糸ネットワークによって接続された木々を表現しています。このパターンは、独自の図案を思いつく方法について紹介することが目的です。これまでの作品の最も基本的なパターンに慣れたら、それを駆使して自分の好きなサイズでオリジナルのブロックを作ることができるようになります。また、天然染めしたはぎれはとても特別なもので使わない手はないので、この作品ははぎれの使い方の一例として参考にしてもらえたら嬉しいです。

でき上がり寸法

- 120cm×120cm

ブロック

- でき上がり寸法：34cm×34cm
- 合計9枚

材料

キルトトップ

- 未染色のオーガニックコットンヘンプ：91cm×91cm
- 染色済みの色々なはぎれ
- ヤマヨモギに染めた布（レシピ19）：183cm×183cm

裏布、キルト芯、バインディング

- 裏布：183cm×183cm
- 表布と裏布の間に入れるキルト芯132cm×132cm
- アカネの根でピンクに染めた（レシピ2）刺し子用糸：100m
- アカネの根でピンクに染めたバインディング布：
  46cm×46cm

カッティング

- ヤマヨモギ7.5cm×7.5cm を54枚
- コットンヘンプ7.5cm×7.5cm を54枚
- ヤマヨモギ6.5cm×6.5cm を72枚
- ヤマヨモギ6.5cm×11.5cm を72枚
- 色々なはぎれ3.5cm×3.5cm を672枚
- ヤマヨモギ16.5cm×9.5cm を16枚
- ヤマヨモギ39.5cm×9.5cm を4枚
- ストライプ布5.5cm×5.5cm を9枚（ブロック中心用）

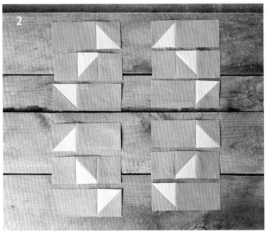

1. 148ページのとおり、7.5cm×7.5cmのヤマヨモギと7.5cm×7.5cmのコットンヘンプを組み合わせて、HST（ハーフスクエアトライアングル）を108枚作ります。できたHSTを6.5cm×6.5cmにトリミングします。トリミングしたHSTと6.5cm×6.5cmのヤマヨモギと6.5cm×11.5cmのヤマヨモギを使って、写真1のようにスター柄のブロックを4等分に、それぞれを縦3列×横3列に配置します。

2. 4つの正方形をそれぞれ横の列どうしを縫い合わせて、アイロンをかけながら縫い代を開きます。それぞれの正方形は3枚のパーツになり、全部でパーツが12枚になります。

3. 縫い代を合わせて、手順2でつなげたパーツどうしを縫い合わせて4枚の正方形パーツを作ります。それぞれアイロンをかけながら縫い代を開きます。手順2〜3を繰り返して、あと8ブロック分を作ります（3列×3列の正方形が36枚できました）。

4. はぎれを使って、マイセリウムのパーツを作ります。3.5cm×3.5cmのはぎれ672枚をミックスしながら2枚1組になるように縫い合わせ、アイロンをかけながら縫い代を開きます。この時点で336枚になります。これを8枚つなげたもの36枚、4枚つなげたもの12枚になるように縫い合わせます。

5. 写真のとおり、2列×8列のはぎれ4枚とブロック中央には5.5cm×5.5cmのストライプ布を正方形4枚と並べます。

6. 写真のとおり、横の列を縫い合わせ、パーツを3枚作ります。

7. 縫い代を合わせて、手順6でつなげたパーツどうしを縫い合わせてブロックを作ります。アイロンをかけながら縫い代を開きます。手順5〜7を繰り返し、合計9枚のスター柄のブロックを作ります。

8. 写真のとおり、16.5cm×9.5cmのヤマヨモギ2枚の間に、2列×4列のはぎれを縫い合わせて、スペーサーブロックを作ります。アイロンをかけながら縫い代を開きます。これを繰り返してスペーサーブロックを合計6枚作ります。

9. 写真のとおり、3枚のスター柄のブロック、それぞれの間に手順8のスペーサーブロックを挟んで並べます。縫い代どうしを合わせて、列を縫い合わせ、アイロンをかけながら縫い代を開きます。これをあと2回繰り返して3枚作ります。

10. 写真のとおり、16.5cm×9.5cmのヤマヨモギ2枚と、39.5cm×9.5cmのヤマヨモギ2枚、それに2列×4列はぎれ3枚を並べ、スペーサーブロックを作ります。縫い代どうしを合わせて縫い、アイロンをかけながら縫い代を開きます。この手順をもう一度繰り返し、合計2枚作ります。

11. キルトトップを仕上げます。スター柄のブロックとスペーサーブロックを写真のとおり、縦に配置します。縫い代どうしを合わせて縫い合わせ、アイロンをかけながら縫い代を開きます。161ページのとおり、裏面を作ります。次に、164ページのとおり、裏布・キルト芯・キルトトップを重ねます。最後に、165ページのとおり、キルティング（キルトトップ・キルト芯・裏布の3層を重ねて刺し縫いをすること）し、168ページのとおり、キルトの端をバインディングします。

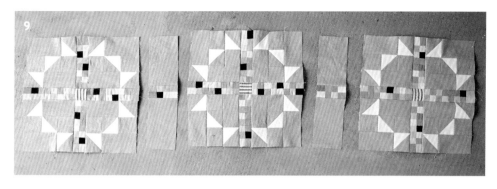

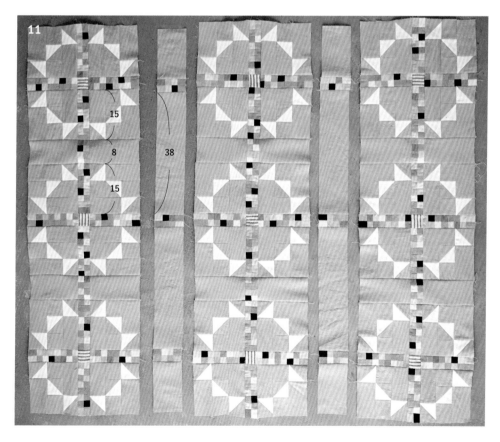

ブロークンディッシュの
キルトポンチョ

　ブロークンディッシュは、少なくとも1790年代まで遡り、正方形とHST（ハーフスクエアトライアングル）を組み合わせた伝統的なキルトパターンです。このポンチョの図案は、伝統的なブロックパターンを簡略化したものです。このポンチョのような作品なら比較的身に着けやすいキルトではないかと思います。ブロークンディッシュがあまり好きではない場合は、ぜひパターンを変えて作ってみましょう。好きなブロックを選んで、107cm×183cmくらいのキルトトップを作ります。サイズをカスタムする場合は、それに応じて寸法を調整します。ポンチョはリバーシブルとして使えますので、ぜひ裏面も素敵なものを選びましょう。私がこの作品に使ったのは、「残りの染色液でニュートラルカラーに染色する」（72ページ）のレシピで作った、くすんだニュートラルカラーのパレットと、この作品にヴィンテージ感を与えるパステル調の色合いを加えました。濃いインディゴ液で染めた裏布は、ハンドキルティングしたアーチがよく映えて素敵です。

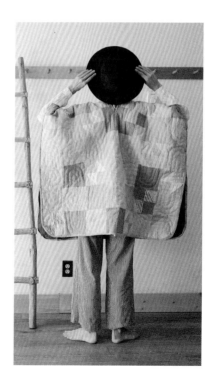

でき上がり寸法

- 107cm×182cm

ブロック

- でき上がり寸法：15cm×15cm
- 合計84枚（ブロークンディッシュ42枚、スペーサーブロック42枚）

材料

ポンチョのキルトトップ

- 色々なニュートラルカラー（レシピ13）：183m×183cm
- ライトインディゴ（レシピ7）、ヤマヨモギ（レシピ19）、天然未染色コットン、アカネ染めピンク（レシピ2）、ヴィンテージのストライプ布、キャラコ柄プリントのはぎれ

裏布、キルト芯、バインディング

- ダークインディゴ（レシピ7）：206cm×206cm
- 表布と裏布の間に入れる、ウールまたはキルト芯：117cm×193cm
- 手縫い用キルト糸
- バインディング用布：46cm×46cm

カッティング

- 色々なニュートラルカラー10cm×10cm を42枚
- そのほかの色（ライトインディゴ、ヤマヨモギ、未染色コットン、アカネ染めピンク、ストライプ布、キャラコ柄布）10cm×10cm を合計42枚
- 色々なニュートラルカラー9cm×9cm を84枚
- 色々なニュートラルカラー16.5cm×16.5cm を42枚

1. 148ページのとおり、10cm×10cm の色々なニュートラルカラーと10cm×10cm のそのほかの色を組み合わせて、HST（ハーフスクエアトライアングル）を84枚作ります。できたHSTを9cm×9cmにトリミングします。

2. 写真1のとおり、ブロークンディッシュのパターンになるように並べ、フォーパッチブロックと同じ方法で縫い合わせます（147ページ参照）。

3. ブロークンディッシュと16.5cm×16.5cmのニュートラルカラーをデザインウォールまたは床に並べます。写真のとおり、スペーサーブロックを交互に入れて、縦12ブロック×横7ブロックに配置します。全体の配色に納得がいくまでブロックを動かしながら配置します。

4. 縫い代どうしを合わせて、横の列を縫い合わせ、アイロンをかけながら縫い代を開きます。

5. 縫い代どうしを合わせて、手順4でつなげたパーツどうしを縫い合わせ、アイロンをかけながら縫い代を開きます。

6. Vネックの開き口に次のとおり印を付けます。①キルトトップを縦に半分に折り、さらに横半分にも折るか、縫い目の線に沿ってキルトトップの中心を特定します。②チャコペンで中心に十字の印を付けます。③写真（120ページ）のとおり、中心印から垂直に上方向へ17cm、下方向へ17cm、垂直線を引きます。

7. 164ページのとおり、裏布・キルト芯・キルトトップを重ねます。

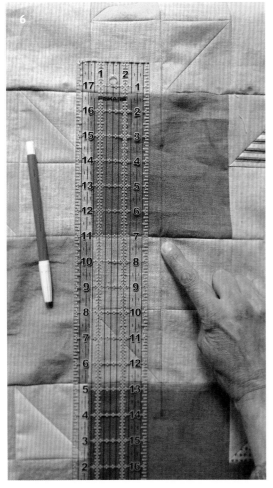

リバーシブルのポンチョ。パッチワーク側。

無地側。

8. 165ページのとおり、キルティング（キルトトップ・キルト芯・裏布の3層を重ねて刺し縫いをすること）します。

9. 写真9a（120ページ）のとおり、丸いものとチャコペンで角が丸くなるように線を描きます。写真9bのとおり、描いた線に沿ってカットします。

10. 168ページのとおり、ポンチョの端をバインディングします。

11. 定規とロータリーカッターを使って、手順6の垂直線に沿ってカットし、Vネックを開きます。ポンチョを着てみて、フィット感を確認します。

必要に応じて、開き口をもう少し大きくしたい場合はカットします。ミシンの縫い目の長さを約1.5に設定します。キルティングしたところをカットしているかもしれませんので、それを止めておくために、開口部の端から3mmのところを伸び止め縫いします。

12. 168ページのバインディングの方法を参考に、Vネック周りをバインディングします。Vのポイント（胸元）まできたら、写真のようにVを外側に開くようにして直線にしてバインディングします。

小さなキルト:
ハンドキルティングスタディ

　左の写真のような小さい作品を作ることは、はぎれを使い切ったり、思いつきで縫い合わせたり、さまざまな手縫いの練習にとてもよい方法です。ハンドキルトが初めての方は、大きなキルトに取り組む前に、ぜひ作ってみてください。普段は挑戦しないような色やステッチを自由に組み合わせて楽しみましょう。新しい発見は、予期せぬ形で得られることがよくあります。フレームに入れたい場合は、ループはつけずに仕上げます。

でき上がり寸法
- 作品によってさまざま

1. はぎれを集めます。私は単色のはぎれを集めました。

2. はぎれを縫い合わせたり、必要に応じてトリミングしたりできるように色々配置してみます。

3. はぎれを縫い合わせます。即興でピーシングする場合、正しい方法も間違った方法もありません。その時にあるものを使って、どうしたら合理的に縫えるかを考えるのみです。自分の好きなサイズ、または24cm×24cmになるまではぎれを縫い合わせます。

4. ピーシングしたものを24cm×24cm、または好きなサイズにトリミングします。

5. 同じ方法で裏面用に2枚目をピーシング、あるいは布を24cm×24cmにカットします。

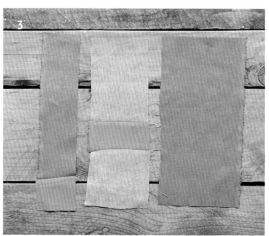

6. 自分のインスピレーションのままにハンドキルティングします。タフティング(165ページ参照)もよい選択肢です。

7. 168ページのとおり、バインディングテープを作成する場合、20cm余分にカットし、ループを作ります。ループの作り方ですが、20cmのバインディングテープを縦半分に折ってアイロンをかけます。一度開いて、両端を中心の折り線に合わせて折り、アイロンをかけます。これを半分に折り、開き口に沿ってトップステッチをかけて囲みます。

8. 写真のように、ループの両端をキルトの上部分の中央に合わせます。3mmの縫い代で所定の位置に縫いつけます。168ページのとおり、キルトの周囲をバインディングし、ループの端もバインディングテープで囲みます。

9. ループを下にしてバインディングテープを手縫いします。終了したら、ループを上にしてアイロンをかけます。

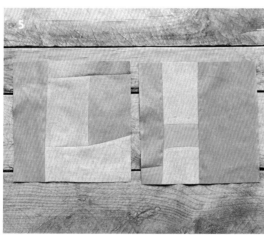

ハンドキルティングの
道具入れ

　すべてのハンドキルティングの道具類を1か所にまとめて保管できる、パッチワークが楽しくなる道具入れを紹介します。私は、小さいはさみ、指ぬき、キルティング針、チャコペン類、安全ピン、パッチワーク用ヘラ、小さい定規など、基本の道具だけを入れて、クルクルと巻いて保管します。針は羊毛フェルトのフラップに刺して収納、また安全ピンや指ぬきを入れるポケット付きです。スノーボールパターンのブロックの道具入れの作り方を解説していますが、好きなブロックで自由に作ってください。パッチワークのでき上がり寸法は45cm×30cm。このサイズでお好きなパッチワークパネルに代えて作ることができます。

でき上がり寸法

• 45cm×30cm

ブロック

• でき上がり寸法：7.5cm×7.5cm
• 合計24枚

材料

• 未染色天然コットンのはぎれ
• 黒に染めた布（レシピ15）のはぎれ
• カッチ染め（レシピ9）のはぎれ
• 裏布用ライトインディゴ（レシピ7）：46.5cm×31.5cm
• ポケット用ストライプ布：46.5cm×13cm
• ポケットフラップ用羊毛フェルト：12cm×20cm

カッティング

• 天然コットン9cm×9cm を12枚
• 黒9cm×9cm を12枚
• 天然コットン4cm×4cm を43枚
• 黒4cm×4cm を43枚
• カッチ染めの布4cm×4cm を10枚
• キルト芯32cm×47cm
• 裏布用ライトインディゴ46.5cm×31.5cm
• ポケット用ストライプ布46.5cm×13cm
• 平革紐5mm 幅×71cm を1本
• 羊毛フェルト12cm×20cm

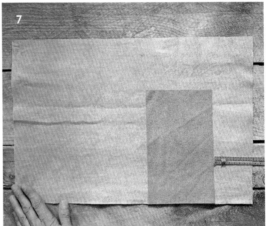

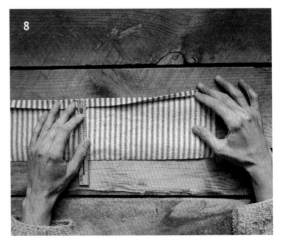

1. 154ページのとおり、9cm×9cmの天然コットンと9cm×9cmの黒、4cm×4cmの黒とカッチをコーナー用に組み合わせ、スノーボールの黒を12枚、スノーボールの白を12枚作ります。

2. スノーボールのブロックを黒と白を交互に縦4列×横6列に並べます。

3. 縫い代どうしを合わせて、横の列を縫い合わせて4枚のパーツにします。アイロンをかけながら縫い代を開きます。

4. 縫い代どうしを合わせて、手順3でつなげたパーツどうしを縫い合わせ、アイロンをかけながら縫い代を開きます。

5. 写真のように、キルトトップを上に向けて、キルト芯の上に置きます。しわを伸ばし、トップとキルト芯の2枚をまち針で留めます（164ページ参照）。

6. 2枚を手縫いでキルティングして、パッチワークピースを作ります（165ページ参照）。

7. 裏布の上に羊毛フェルトを置き、切りっぱなしの端を下で揃え、右端から7.5cm内側の位置に置きます。まち針で固定し、端から6mmのところを裏布に仮縫いします。

8. ポケット布の上端を最初に6mm、次に12mm折り込み、折り目ごとにしっかりアイロンをかけます。まち針で固定します。

9. ステッチの長さを3に設定し、折り目に沿ってポケットにトップステッチをかけます。

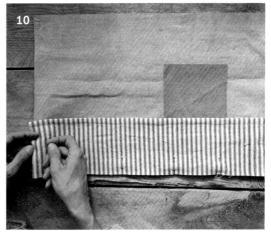

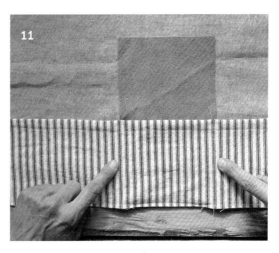

10. 写真のとおり、両サイドと下端を揃え、ポケットを裏布にまち針で留めます。端から6mmのところを縫って、裏布にポケットを付けます。

11. 写真のとおり、羊毛フェルトの両端に沿ってポケットにトップステッチをかけ、所定の位置に固定します。

12. 個人の用途に応じて、ポケットの幅をカスタムしてトップステッチをかけます。

13. 裏布側を上に向けて作業台に置きます。羊毛フェルトのフラップを折ってポケットの上に重ねます。写真のとおり、パッチワークピースの端にポケット上端位置の印を付けます。

14. 革紐とパッチワークピースの端を合わせ、革紐を手順13の印の上に置きます。写真のとおり、革紐をパッチワークピースにテープで固定し、端から6mmのところで前後に数回往復して縫い付け、しっかり固定します。

15. パッチワークピースと裏布を中表になるように合わせ、裏布を上に向けて置きます。丸いものとチャコペンで、角を丸く描き、線に沿ってカットします。

16. 裏布とパッチワークピースをまち針で留め、端から12mm内側を一周縫いますが、上端7.5cmくらいを縫わずに口を開けておきます。縫い代6mm残してトリミングします。

17. 開き口から表側を外に出し、優しくアイロンをかけます。開き口の縫い代を中に押し込み、まつり縫いなどで閉じます。

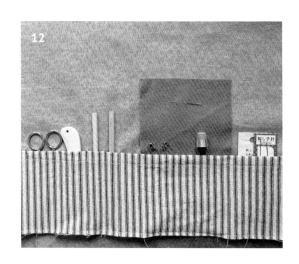

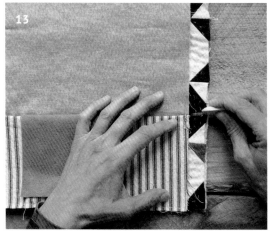

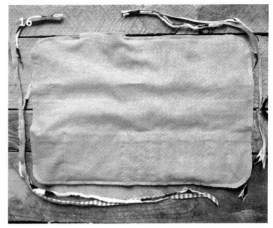

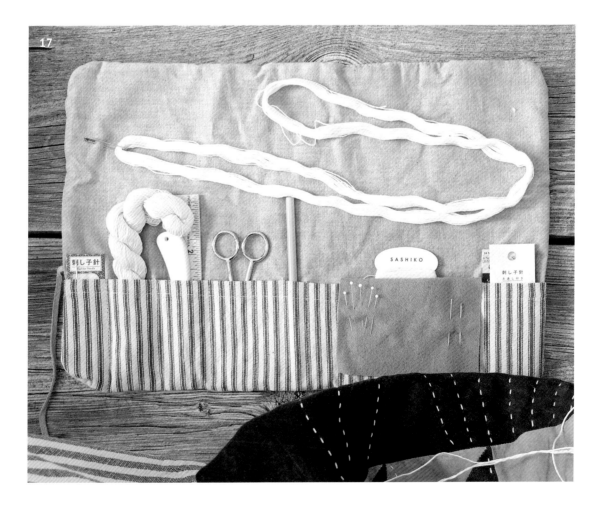

バリアブルスターの
ショルダーバッグ

　バリアブルスターは、19世紀初頭に遡り、伝統的なアメリカキルトのパターンです。QST（クオータースクエアトライアングル）と四角形を組み合わせて星を作る方法を紹介したくて、この作品を選びました。とてもシンプルなキルティングバッグの作り方です。まず1つ作ったら、次は、違うキルトパターンに置き換えたり、ブロックサイズを変えて、子供用バッグにしたりアレンジするのもおすすめです。ショルダーバッグをあまり使わない方は、ストラップを2つにしてトートバッグにもできます。

でき上がり寸法

• 37cm×46cm

ブロック

• でき上がり寸法：37.5cm×37.5cm
• 合計2枚

材料

バッグのパッチワークとストラップ

• WOF（布の重量）10%カッチ染めの布（レシピ9）：
  91cm×91cm
• WOF35%カッチ染めの布（レシピ9）：23cm×23cm
• 未染色のオーガニックコットン：23cm×23cm

裏布、キルト芯、ストラップ

• 裏布：46cm×46cm
• キルト芯の余りを集めたもの：43cm×50cm を2枚分
• 手縫い用キルト糸

カッティング

QST：16.5cm×16.5cm にカット

• WOF10%カッチ染め布 4枚
• オーガニックコットン布 4枚

単色正方形：14cm×14cm にカット

• WOF35%カッチ染め布 2枚
• WOF10%カッチ染め布 8枚

縁に使う細長い布

• WOF10%カッチ染め布 5cm×39cm を4枚

裏布

• 39cm×46cm を2枚

キルト芯

• 43cm×50cm を2枚

ストラップ

• WOF10%カッチ染め布 21.5cm×101cm を1枚

1. 150ページのとおり、16.5cm×16.5cm の WOF 10%カッチ染め布と16.5cm×16.5cm のオーガニックコットンで、QST（クオータースクエアトライアングル）を8枚作ります。できた QST を14cm×14cmにトリミングします。

2. 写真のとおり、QST と14cm×14cm のカッチ染めの布を組み合わせて、ダークカッチ（WOF35%）をブロック中央に、ライトカッチ（WOF10%）をコーナーに配置して、オハイオスターブロックを作ります。

3. 縫い代を合わせて、横の列を縫い合わせて、3枚のパーツにします。アイロンをかけながら縫い代を開きます。

4. 縫い代を合わせて、手順3でつなげたパーツどうしを縫い合わせます。アイロンをかけながら縫い代を開きます。手順2、3を繰り返して、オハイオスターブロックをもう1枚作ります。

5. 5cm×39cm の布をブロックの上部と下部にそれぞれ縫い付けます。

6. 完成したパッチワークピースの表側を上に向け、キルト芯の上に置きます。しわを伸ばして、まち針で2枚一緒に留めます（164ページ参照）。

7. 手縫いでキルティングします（165ページ参照）。

メモ：ストラップは、バッグを使う人の体に合わせます。使用する人の体格次第で、もっと長さが必要な場合もありますので、カットする前に長さを決めます。

8. キルティングしたブロック2枚を中表に重ねます。縫い代6mmで、両サイドと底を縫い合わせ、表袋を作ります。裏布も同様に縫い合わせて裏袋を作ります。アイロンをかけながら縫い代を開きます。

9. 底にマチを作ります。写真のように、縫い合わせた表袋のコーナーを広げます。角の先端から3cm測り、縫い目に対して垂直線を引きます。アイロンをかけて位置を固定し、線に沿って縫います。

10. 縫い代分6mmを残してカットします。裏袋も同様に手順9、10を繰り返します。

11. ストラップを縦半分に折り、アイロンをかけます。一度開いて、両端を中心の折り線に合わせて折り、アイロンをかけます。もう一度半分に折り(写真11a)、両端をステッチします(写真11b)。

12. ストラップを中表にした表袋に差し込みます。ストラップの端をサイドの縫い目の中心に固定し、まち針で固定します。ストラップがねじれていないことを確認し、反対側も同様に固定します。ストラップを縫い代6mmで縫い、ストラップの上を数回往復して縫ってしっかり固定します。

13. 裏袋を中表になるようにして表袋に入れます。サイドの縫い目を合わせて、バッグの開き口の縁を揃えて位置を合わせます。縫い代12mmで裏袋を表袋に縫い付け、10cmほどを縫わないで返し口にします。ストラップまで来たら、前後に数回縫います。

14. 返し口から表袋を取り出し、返し口に手を入れて角を押し出します。裏袋を表袋の中に入れます。バッグの上端に沿ってアイロンをかけ、開き口の縫い代を中に押し込みます。開き口からスタートして6mm内側を全周ステッチします。糸を長く残して、端でキルトノット(166ページ参照)を作り、トップとキルト芯の間に沈めます。

4.
キルト作りの基本テクニック

本章では、キルト作りにおいて最も基本的なスキルを作り方の手順に沿って解説しています。この章で頻繁に触れているキルトの図案は、図案そのものというよりも、自身でブロックやキルトデザインを考えたいときに参照できる資料として活用してください。私自身、キルトをデザインするときには、本章で解説しているHST（ハーフスクエアトライアングル）やそのほかのベーシックな図案について、一旦手を止めてグーグルで作り方を検索する、といったことがよくありました。どの方法やレシピが好きか、どのサイトで見たものだったのか等を思い出すには少し時間がかかるため、基本的な図案やデザイン、作り方がまとまっていたら見やすいし、便利だと思い、本章にまとめました。

「でき上がりブロック」と「でき上がり前ブロック」

キルトの世界では、「でき上がり」「でき上がり前」という表記をよく見ます。「でき上がり」とは、キルトブロック、またはほかのブロックやパーツに縫い付けられた後のブロックやパーツの寸法です。「でき上がり前」は、縫い付ける前のブロックの寸法を指します。キルトは、縫い代6mm★が標準で、でき上がり前のブロック（またはピース）は、でき上がった完成ブロックより12mm長いということになります（6mmの縫い代が両側にあるため実際の作品よりも12mm余分に長いという意味です）。最初は戸惑うかもしれませんが、あまり深く考えなくても大丈夫。でき上がり寸法が決まれば、12mmを足すだけででき上がり前寸法が決まります。

★ 日本では縫い代7mmが標準になっています。

キルトの大きさと
ブロック寸法を決める

　ベッド用のキルトの大きさを決める際、おおまかな方法としてマットレスの寸法を測り、その値に幅60cm、長さ12.5cmを加えます。多かれ少なかれ、カバー類は、この値を増減したものを加えます。寸法が決まると、その値を基にブロックの寸法と枚数を算出します。ブロックの大きさはカスタムできるので、デザイン比率も変えることができます。複雑なキルトには数百の小さなブロックでできている作品もありますし、最小枚数のキルトでしたら、おそらく大きなブロック4枚のみといった場合もあります。正方形の紙をさまざまな大きさにカットして、ブロックを視覚的に把握できるようにしてみると便利なこともあります。必要なブロック数を計算するには、キルト幅を希望のブロック寸法で割り、その値に応じて切り上げ、または切り下げます。きれいに割り切れるようにブロック寸法を少し調整するか、ボーダーを追加して調整する必要がある場合もあります。オンポイントと呼ばれるダイヤモンド型(157ページ参照)の計算は、ブロックの対角線の値が辺の値よりも長いため異なります。私の場合は、キルトの大きさについて正確であるかどうかにこだわりすぎず、疑わしい場合は常に切り上げます。ベッドにかけるものは、少し大きめのキルトのほうがはるかに優れています。

ロータリーカッターで
カットする

　本書で紹介しているすべての形は、正方形からカットし、その正方形はストリップ(細長い一片の布)からカットしたものです。ストリップをカットする際は、布の耳どうしを合わせ半分に折ります。布にしわがある場合は、しっかりアイロンをかけてください。必要に応じてロータリーカッターとキルト用定規を使って、わずかな部分もトリミングして、布を均一にします。ヘンプやリネンの多くは、幅147cmなので幅の広い布からストリップをカットするには、少なくとも長さ91cmのキルト用定規とカッティングマットがあると便利です。ロータリーカッターと定規を使って正方形がとれる長さにストリップをカットして、続いてストリップから正方形をカットします。カットは正確に行うことが重要です。私は2種類のカット定規を持っています。1つはストリップカット用の10cm×91cm定規で、もう1つはストリップから正方形やそのほかの形をカットするための16.5cm×61cm定規です。

ピースどうしを縫い合わせてアイロンをかける

　ブロックを構成するピース（四角形や三角形の1枚の布）は、すべてをできるだけ正確にカットして均一にすることが重要です。2枚の正方形を縫い合わせるには、中表に重ねます（布が無地ではない場合は、表と裏があります）。すべてのコーナーと端を揃え、一方の端に沿ってまち針で留め、位置を固定します。縫い代6mmで縫い合わせ、まち針まできたらその直前に外します。キルト作りでは、縫い代6mmを正確に維持することが大切です。最初は難しいかもしれませんが、練習を重ねるにつれ、さほど気にしなくてもできるようになります。ピースどうしを縫い合わせたら、縫い代にアイロンをかける必要があります。キルトを始めたばかりのとき、すべての縫い代を横に倒してアイロンをかけると教わりましたが、その後受講したキルトのクラスで、精度をあげるため縫い代を開いた方がよいと講師がすすめてくれました。そして、講師のすすめが本当だったことがわかり、あまり一般的な方法とはいえませんがそうしています。みなさんも、両方の方法を試してみて、どちらが自分にとってよい方法なのかを確認することをおすすめします。

縫い代を合わせる

　ブロックどうしを縫い合わせるとき、縫い代線はすべてを合わせて固定する線として使用されます。作品の精度をあげるため、時間をかけて縫い代線を合わせてください。下記は、縫い代線をきっちり揃えて縫い合わせる方法です。これはすぐに苦労なくできるようになると思います。ミシンで縫う場合は、まち針がミシン針の下側にくるように保ち、まち針まできたらその直前に取り外します。

1.　パーツ2枚を中表に合わせ、端と縫い代線を揃え、縫い目の線（縫い代を開いたところ）の間をまち針で留め、2枚を固定します。
2.　パーツを持ち上げて、まち針が両方の布の縫い目に直接留まっているか確認したら、まち針を留めていた位置に戻します。
3.　すべての縫い目の線に合わせてまち針で留めます。
4.　裏側も見て、まち針がすべて縫い目に留まっているかを確認します。

アイロンをかけ、縫い代が開いている状態。

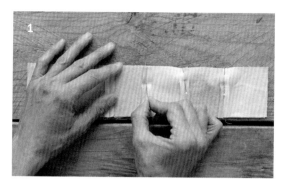

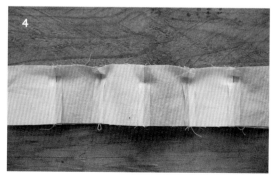

伝統的なブロックから再創作する

　伝統的なキルトの多くは、正方形のブロックを1枚ずつ作り、それらを縫い合わせてキルトトップを作ります。ブロックのなかには、小さな形やパーツで構成され、複雑で入り組んだものもありますが、多くはシンプルで、正方形やそのほかの基本的な形をさまざまな方法で配置することで、多種多様なデザインを作ることができます。私のキルトのほとんどはシンプルで伝統的なブロックで構成され、ヴィンテージのキルトからインスピレーションを受けています。憧れのヴィンテージキルトを観察するときは、頭の中でそれを分解して個々のブロックを特定します。ブロックを特定したら、方眼紙にブロックをスケッチします。方眼紙上でブロックを切り分けるプロセスを通じて、ブロック内の形がどうなっているのかを解読します。ブロックに使われる最も一般的で多用途のピースは、正方形、ハーフスクエアトライアングル（HST）、クオータースクエアトライアングル（QST）、そしてフラインググースなどです。これらのピースのサイズを自由に作れると、図案に頼らず、さまざまなキルトブロックを好きなように作れるようになります。また、これらのシンプルなピースをさまざまな方法で配置するとスターブロックやベアクロー、ほかにも多くの伝統的なブロックデザインができますので、それらを使ってオリジナルのブロックやボーダーをデザインすることもできます。伝統的なブロックの名前はぜひ覚えておきましょう。ブロックには同じものに2つ以上の名前があることにすぐ気が付くと思います。私は、主にリサイクルショップで購入して増え続けるキルト本のコレクションを見ながら、インスピレーションを受けています。

9-PATCH

4-PATCH

BROKEN DISHES

PIN WHEEL

RAIL FENCE

RIBBON STAR

FRIENDSHIP STAR

VARIABLE STAR

OHIO STAR

LEMOYNE STAR

SHOOFLY

DUTCHMAN'S PUZZLE

KING'S CROWN

MAPLE LEAF

LADY OF THE LAKE

SINGLE IRISH CHAIN

HENS & CHICKS

SNOWBALL

SAW TOOTH STAR

BEAR'S PAW

OLD MAID'S PUZZLE

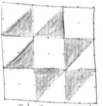

OLD MAID'S PUZZLE

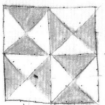

4-PATCH HOURGLASS

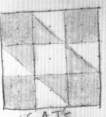

CATS CRADLE VARIATION

TOAD IN THE PUDDLE

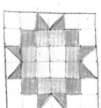

MAPLE STAR

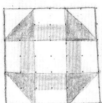

CHURN DASH

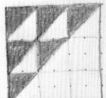

BIRDS IN THE AIR

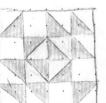

FLYING DUTCHMAN

FLYING GEESE BLOCKS

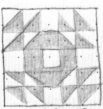

SINGLE WEDDING RING or (Crown of thorns)

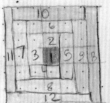

LOG CABIN

Jacob's Ladder

SPOOL

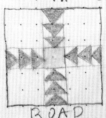

ROAD to CALIFORNIA

AMISH STAR

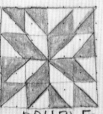

DOUBLE PINWHEEL

FLOCK OF GEESE

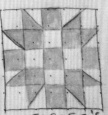

UNION SQUARE

SISTER'S CHOICE

ブロックのスケッチ。

フォーパッチの作り方

　最初に紹介するのは、パッチワークの基本パターンの四角つなぎ。4枚の正方形のピースを縫い合わせたフォーパッチの作り方です。フォーパッチは通常、対照的な色を交互に配置します。フォーパッチの正方形をたくさん作って、縫い合わせる前にブロックどうしを組み合わせてレイアウトを決めます。スペーサーを入れて、ダイヤモンドに配置する、157ページのオンポイントセッティング（斜めのセッティング）も楽しい選択肢です。

　フォーパッチを作るには、まずでき上がりの寸法を決定します。その値を2で割り、縫い代分12mmを足します。例えば、でき上がり寸法10cm×10cmのフォーパッチを作りたい場合、正方形1ピースのでき上がり寸法は5cmです。ほかにも、よく使われる伝統的なナインパッチも同じ方法で、正方形を3列×3列に明るい色と暗い色を交互に配置して作ることができます。

1. 写真のとおり、正方形を濃淡交互に配置します。
2. 正方形2枚を中表にして縫い合わせ、2枚のパーツにします。アイロンをかけて縫い代を開きます。
3. 2枚を中表にして、縫い代線を合わせてまち針で留めます（142ページ参照）。
4. パーツどうしを縫い合わせて、アイロンをかけて縫い代を開きます。これでフォーパッチが完成です。

HST（ハーフスクエアトライアングル）の作り方

　ハーフスクエアトライアングルは、おそらくキルトブロックで最もよく使われる形だと思います。私のキルト作品では、HSTを使っていないものがほとんどないです。HSTを組み合わせて、モダンな幾何学模様、伝統的なスター柄、のこぎり歯のボーダー（へり、縁）など、使い方は無限です。この手順に沿って一通り行うと、HSTが2枚できます。通常、HSTの構成は、対照的な2色の正方形をペアにします。

　HSTを何百枚も作る場合は、効率的な作業工程を考えると制作がスムーズに進みます。

　はじめに、正方形の寸法を決めるのに、次の計算式を使います。

HSTの計算式：

- ［でき上がりHST寸法］＋2.5cm

1. 希望のでき上がり寸法HSTに2.5cmを足し、対照的な2色の正方形2枚を作ります。
2. 濃い色の上に明るい色の正方形を置き、コーナーどうしを揃えます。6mm幅定規の中心線を対角線に合わせます。シャープペンシルで定規の両側の線を引きます。
3. 両方の線に沿って縫います。
4. はさみまたはロータリーカッターと定規を使って、縫った線の間をカットします。

5. アイロンをかけながら縫い代を開きます。

6. 正方形のキルティング定規の45度の対角線をHST
   の斜めの縫い目線の真上に置きます。

7. 右端と上端を少しトリミングします。続いて、HSTを
   回転し、HSTをでき上がり前の寸法（でき上がり寸法
   に縫い代分を足した値）にトリミングします。トリミング
   は面倒な作業ですが、トリミングしないとキルトが
   安定せず、極端な場合、平らに仕上がらないことも
   あります。ポッドキャスト、オーディオブック、または
   何曲か好きな曲をBGMにトリミングをはじめるの
   がおすすめです。

8. HSTが2枚完成しました。

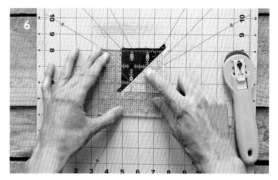

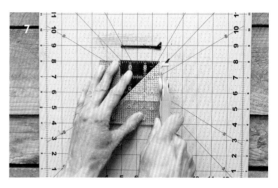

QST（クオータースクエアトライアングル）の作り方

クオータースクエアトライアングルは、別名砂時計ブロックとも呼ばれ、従来のキルトブロックでよく見られる汎用性の高い形です。もちろん、QSTにもはじめに正方形の寸法をどう決めたらいいのか、便利な計算式があります。

QSTの計算式：

- ［でき上がりQST寸法］+4cm

1. HSTの作り方を参照し、HST2枚を作りますが、トリミングせずに下記の手順2へ進みます。
2. 2枚のHSTを中表に合わせます。このとき、色が交互になるように重ね、2枚のコーナーと対角の縫い目線を揃えます。
3. 6mm幅定規の中心線を縫い目線ではない対角線の中心に合わせます。シャープペンシルで定規の両側の線を引きます。

4. 両方の線に沿って縫います。
5. はさみまたはロータリーカッターと定規を使って、縫った線の間をカットします。
6. アイロンをかけながら縫い代を開きます。HSTの作り方を参照し、QSTをでき上がり前の寸法にトリミングしてください。これでQSTが2枚完成です。

QST（クオータースクエアトライアングル）は、私のお気に入りブロックの一つ。QSTだけのキルトを作ることもあります。このようなキルトは複雑に見えますが、QSTの作り方はとてもシンプル。QSTの手順を一通り行うと、2枚作れます。

フラインググースだけで作ったキルト。

フライングの作り方

　フライングは、HST（ハーフスクエアトライアングル）2枚で作れるので、ブロックパターンのよい選択肢になるうえ、単独パターンとしても役立ちます。実際にフライングのみの豪華なアンティークキルトやモダンキルトもあるくらいです。フライングは、ボーダー（ヘり、縁）にも使えます。私はグース部分を少し大きめに作るのが好きです。そうすると、でき上がり前の寸法に少しトリミングする余地ができるからです。この手順を一通り行うと、4羽（枚）のグースができます。

フラインググースの計算式:

- ［でき上がりグース（黒）の幅］+4cm：1枚
- コーナー用（白）：［でき上がりフラインググースの高さ］+4cm：4枚
- フラインググースの幅は、常に高さの2倍。大きな正方形でグースを作り、小さな正方形はコーナーの直角三角形としてグースに縫い付けます。

1. フラインググースに必要な布を用意します。
2. 大きな正方形を対角線に沿ってカットし、さらにもう一方の対角線に沿ってカットして、4枚の三角形を作ります。
3. 小さい正方形を対角線に沿って1回カットし、1枚の正方形から2枚の三角形を作ります。
4. フラインググースを作る三角形の準備が整いました。
5. 写真のとおり、ピースを配置します。
6. グース（黒）の三角形の上に、中表にしてコーナー（白）の三角形を置きます。まち針で固定し、ピースを縫い合わせます。アイロンをかけながら縫い代を開きます。
7. もう一方のコーナー（白）も繰り返します。
8. アイロンをかけながら縫い代を開きます。
9. グース（黒）の三角形の先端から6mm上を残して上端をトリミングします。
10. でき上がり前寸法の高さになるように、下端をトリミングします。
11. 両端をでき上がり前寸法の幅に合わせて均等にトリミングします。
12. これで4羽（枚）のフラインググースが完成です。

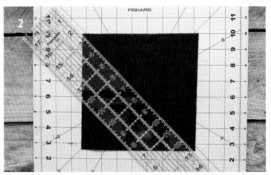

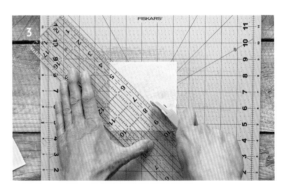

スノーボールの作り方

　スノーボールは、従来のキルトブロックでよく見られる形というわけではありませんが、汎用性が高く、キルトのデザインをするうえでさまざまな使い方があります。私はスノーボールをスペーサーとして使うのがお気に入り。スノーボールは単純な正方形からコーナーに丸みができるデザインになるのが好きな理由です。コーナーの丸みは好きなように深くしたり浅くしたりできます。スノーボールを作るには、希望するでき上がり前寸法の正方形にカットします。次に、小さい正方形のピースを対照的な色で4枚カットします。コーナー用ピースのサイズは、コーナーの丸みをどのくらいの深さにしたいかによって変わります。ここでは、でき上がり前寸法を9cm、コーナー用の正方形を4cmとしています。さまざまなサイズを試して楽しんでください。

1. でき上がり前寸法に合わせて、大きな正方形を1枚作ります。さらに対照的な色で小さな正方形を4枚作ります。小さい正方形のサイズは、コーナーの丸みをどのくらいの深さにしたいかによって異なります（丸みを深くしたい場合は正方形を大きくします）。小さな正方形に対角線を引きます。

2. 写真のとおり、対角線の向きに気を付けて、小さな正方形を大きな正方形のコーナーに合わせてまち針で固定します。

3. 線に沿って縫い合わせます。

4. 写真のとおり、縫い代6mmを残してトリミングします。

5. 写真のとおり、コーナーのピース4枚を広げ、アイロンをかけながら縫い代を開きます。

デザインウォールを使ってレイアウトを考える

　キルトのデザインをレイアウトするために、床に並べて確認することもできますが、壁にスペースがあればデザインウォールはとてもいい方法です。デザインしたものを一歩下がって、まっすぐ見ることができるのはとても便利。ブロックが均等に分散できるまでレイアウトを動かし、正方形をそのままレイアウトするか、それとも斜めにオンポイントセッティング（斜めのセッティング）にするかを検討する機会になります。スペーサーを入れるか、それとも入れないか、ボーダー（へり／縁）なども配置して、見た目や雰囲気がどう変化するか確認できます。レイアウトの写真を撮って、縮小してデザインを確認したり、写真を見返したりなど、最終的なレイアウトを決めるのに役立ちます。

　デザインウォールの作り方は色々ありますので、ぜひ自分に合った方法を見つけてください。最も簡単なのは、フェルトボードのように大判のコットンキルト芯を壁に貼り付ける方法です。ピースがキルト芯にくっついてくれます。ブロックが滑り落ちるようならまち針で留めるといいでしょう。

スペーサーブロック

　キルトのデザインによっては、ピーシング（小さなピースどうしを縫い合わせること）したブロックが互いにぴったりと並んだ作品もあります。ピーシングしたブロックを隣り合わせに配置すると、ダイナミックな目の錯覚や、キルトの周りで目が踊るような二次的デザインが創り出されることがよくあります。一方、ピーシングしたブロックとスペーサーブロック（無地の正方形などのシンプルなもの）を交互に配置すると、デザインに引き算のスペースが生まれます。この引きの効果をもたらすスペースがあることで、個々のブロックが引き立ち、ブロックが互いに溶け込んでいるというよりは、浮き立つような印象になります。

ブロックのセッティング

　すべてのブロックが完成したら、ブロックどうしを組み合わせてキルトトップを作ります。一般的な方法は、横方向の列を縫い合わせてから、そのパーツどうしを縫い合わせる方法です。このように縫い合わせることができるレイアウトは、「ストレート」セッティングと呼ばれます。ほかにも、特定のデザインに視覚的な興味を与えられる選択肢として、ブロックのコーナーが上下になるようにブロックを斜めにするレイアウトです。この配置は、ブロックどうしを斜めに縫い合わせるレイアウトで、「オンポイント」セッティング（斜めのセッティング）と呼ばれています。

ストレートセッティング

1. 床またはデザインウォールにブロックを配置します。
2. 縫い代を合わせて横の列を縫い合わせて、パーツにします。アイロンをかけながら縫い代を開きます。
3. 縫い代を合わせてパーツどうしを縫い合わせます。アイロンをかけながら縫い代を開きます。

オンポイントセッティング（斜めのセッティング）

　正方形を斜めに並べたときの寸法は、ストレートセッティングの寸法よりも長くなるので、より多くのスペースを占めることになります。ブロックの対角線の長さを計算するには、でき上がり寸法1辺の長さに1.414を掛けます。これにより、ブロックの縦と横の値が分かるので、ブロックの寸法や枚数を決定できます。

　すべてのブロックが完成したら、デザインウォールまたは床に斜めに配置します。斜めに並べていくと、周囲とコーナーに三角形の隙間ができ、その隙間を埋める三角形のピースを作ります。コーナーの三角形をコーナートライアングル、周囲の三角形をサイドセッティングトライアングルと呼びます。どのサイズの正方形をカットするかを決めるには、次の計算式を使用します。

コーナートライアングルの計算式

- （[でき上がり正方形の1辺]÷1.414）+2.5cm
- さらに、3mm程度を足してちょうどいい値に切り上げます。
- 上記の値を1辺とする正方形の対角線をカットし、2枚の三角形を作ります。従って、コーナートライアングルを埋めるには、正方形を2枚作ります。

サイドセッティングトライアングルの計算式

- （[でき上がり正方形の1辺]×1.414）+3cm
- 3mm程度を足してちょうどいい値に切り上げます。この値を1辺とする正方形をカットして4枚の三角形を作ります。

　それでは、写真のパッチワークキルトを例にサイドセッティングの計算をしてみましょう。でき上がり正方形は1辺5cmです。

- 5cm×1.414＝7.07cm＋3cm=10.07。最大10.5cmに切り上げます。

　サイドセッティングスクエア用に、正方形10.5cm×10.5cmを作り、対角線2本に沿ってカットして底辺10.5cmの三角形4枚作ります。

　実際に何枚のサイドセッティングスクエアが必要なのかを把握するには、紙にスケッチするか、床またはデザインウォールにピースをレイアウトし、周囲の隙間の三角形の数を数え、その数を4で割り、必要な正方形の枚数を算出します。必要な正方形の枚数を用意したら、各正方形の対角線に沿ってカットし、さらに反対側の対角線もカットして、4枚のサイドセッティングスクエアを作ります。続けて、コーナースクエアに必要な正方形のサイズを決定し、2枚作ります。前述のとおり、コーナースクエア用の正方形は、対角線1本のみカットして作ります。

1. サイドセッティングトライアングルを周囲に配置、コーナートライアングルを各コーナーに配置して、オンポイントセッティング（斜めのセッティング）でレイアウトします。

2. 正方形を斜めの列になるように縫い合わせます。

3. 斜めの列の両端にサイドセッティングトライアングルを縫い付けます。

4. 斜めのパーツができたら、中央から列どうしを縫い合わせ（写真4a）、縫い代を合わせながら短い列に向かって縫い、キルトトップが半分ずつ2枚になるように作ります（写真4b）。

5. 半分どうしを縫い合わせます。

6. コーナートライアングルを所定の位置に縫い付けて、キルトトップを完成させます。

7. キルトトップに優しくアイロンをかけます。

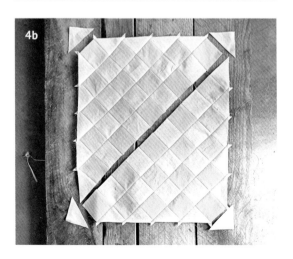

ボーダー（へり／縁）

　素敵なボーダーを作るには、前述の3つ（フォーパッチ／HST／QST）の作り方を参考に制作できます。特に計算をしなくても、キルトトップの図案に関係なく、ボーダーを作ることができます。例えば、バリアブルスターにのこぎり歯（ハーフスクエアトライアングル）のボーダーを入れたいとします。キルトトップは、でき上がり寸法7.5cmのスターブロックQST（クオータースクエアトライアングル）。この場合、ボーダーはでき上がり寸法7.5cmのハーフスクエアトライアングルを作成するだけで、キルトトップの正方形にぴったりフィットします。

　場合によっては、キルトトップのサイズを少し大きくしたり、額装するのを前提にピーシングしていないボーダーを追加したりする必要があります。その際は、キルトトップにしわができて凸凹になるのを防ぐために、慎重に採寸する必要があります。縦のボーダー、次に横のボーダーを縫い付けます。縦のボーダーの長さを決める際は、キルトトップの3か所を採寸し、平均の長さを求めます。1か所目は右上コーナーから右下コーナーまで、2か所目は上端中央から下端中央まで、3か所目は左上コーナーから左下コーナーまでを採寸します。これら3つの値を足して3で割ります。この値が、両サイドの縦のボーダーに必要な長さです。ストラップ状のボーダーを作るには、希望するボーダー幅に縫い代として12mmを足した値で布（耳から耳まで）をカットします。次に、ストラップを端から端まで縫い合わせます。縦のボーダーの長さに2枚カットします。キルトトップとボーダーを半分に折って折り目を付け、さらに半分に折って4分の1の位置に印を付け、そこにも折り目を付けます。中表にして、キルトトップにボーダーの折り目部分をまち針で留めます。これを繰り返して横のボーダーも作ります。

独創的な裏布を作る

　ほとんどの場合、私はキルトトップに合いそうな感じをイメージして、手元にある布で裏布を制作します。必要最小限に作ることもあれば、いわゆる「冷蔵庫の掃除」と同じようなチャンスと考えて、残っている布をたくさん使い切ることもあります。不完全で不均一に染色された布をキルトの裏布に積極的に使ってみましょう。裏布が驚くほど見栄えよく素敵になることがよくあります。従来の方法でキルトの裏面を1枚の布にしたい場合は、メーカーが大きな裏地を販売しており、オーガニック素材も入手できます。

1. 裏布に使う布を選びます。キルトトップを床に置き、その上に裏布を重ねて完全に覆います。ハンドキルティングするときに余裕を持たせるために、裏面はどの辺もキルトトップより少なくとも5cm長いサイズが必要です。

2. 布どうしを縫い合わせられるようにカットします。裏布をピーシングするのはパズルのようです。ピースをじっくり吟味して、スムーズに縫い合わせるために効率的な順序を探します。

3. 流れに任せて、恐れずに違う布を追加したり、一部を取り除いたり自由な発想で作業しましょう。納得のいく裏布が完成したら、次はそれぞれの層を重ねてサンドイッチにします（164ページ参照）。

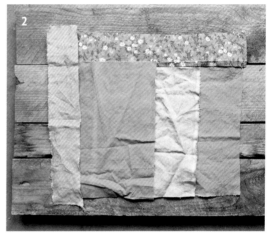

キルト裏布の例

写真上:
四角つなぎのパッチワークキルト(89ページ)の裏面

写真下:
バッファローチェックバージョン(93ページ)の裏面

次ページ写真左上:
タンブルウィードのキルト(95ページ)の裏面

次ページ写真左下:
夏の賛歌(101ページ)の裏面

次ページ写真右上:
ジャックラビットのキルト(107ページ)の裏面

次ページ写真右下:
マイセリウムのキルト(111ページ)の裏面

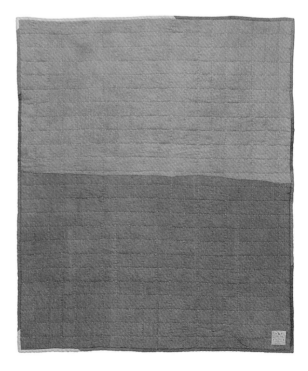

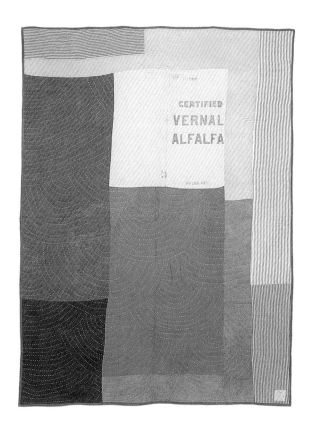

層を重ねる
（キルトサンドイッチ）

　キルトは、裏布、キルト芯、キルトトップの3層構造です。3層が準備できたら、最初のステップはこの3層を重ね、「キルトのサンドイッチを作る」ことです。私のお気に入りのキルト芯は、オーガニックコットンとウールです。

1. 写真のとおり、裏布の裏面を上に向けて、マスキングテープなどを使って硬いところに貼り付けます。突っ張りすぎず、でもピンと張った状態にします。キルト芯を裏布と同じサイズにカットし、裏布の上に広げ、中心から端に向かってしわを伸ばします。

2. 写真のとおり、キルトトップの表面を上に向けて、キルト芯の中央になるように上に置き、しわを伸ばします。ハンドキルティングのラインを入れたい場合は、ヘラマーカー（またはチョークペンシルや水溶性布マーカーなど）を使ってラインを描きます。ハンドキルティングのアイデアについては、123ページの小さいキルト作品を参照してください。

3. 大きな安全ピンで3層を仮留めします。ピンの間隔は10〜15cmにします。

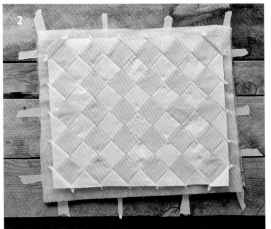

キルティング、
またはタフティング

　キルトとブランケットの違いは、層になっているかどうかです。層を構成しているキルトの場合、キルティング（キルトトップ・キルト芯・裏布の3枚を重ねて刺し縫いをすること）やタフティング（キルティングの代わりに、3枚を一緒に抑えてずれないように糸で留めること）をする必要があります。キルティングは、ミシンまたは手で縫うことができます。私の場合、ハンドキルティングをする忍耐力があるとは夢にも思っていませんでしたが、天然染めの布でキルト作りを始めたとき、ミシンによるキルティングがぴったりとは思えませんでした。ハンドキルティングに挑戦してみて、その工程だけでなく、人の手でしか出せない風合いの美しさに魅了されたのです。ハンドキルティングやタフティングは、キルトを膝の上に抱えながら作業してもいいですし、キルティングフープやフレームを使うこともできます。直線をキルティングするときやタフティングをするときはフレームを使いますが、曲線をキルティングするときはキルトを膝の上に置いて、曲線に沿ってキルトを回転させて縫います。キルト用のフレームを使うと、作業が安定し、3層をしっかり固定しておくのに役立つため便利ですが、膝の上でキルティングすることも非常に効率的です。

ヘラとキルト定規を使って、直線のキルトラインを描いているところ。

ハンドキルティング

　手縫いの方法や糸にはさまざまなスタイルがあり、キルトの質感や美しさなどすべてに影響を及ぼします。縫い目や縫い線が密であればあるほど、キルトはより硬く、頑丈になります。数センチ間隔でカーブ線を描いたキルトラインにすると、高さができてフワッとした質感が生まれます。さまざまなスタイルを試して、どのような感じが好きなのかを探ってみましょう。1つのスタイルに固執する必要はありません。好きなキルトの写真を調べて、作った人がその質感をどのように作り出したのかを探求してみるといいと思います。さまざまな方法を試して、手縫いで自分らしさを表現できる方法を考えてみてください。

大きなキルトの場合は、中央からキルティングを始めて、端に向かって進めていくのが最善です。小さいキルトの場合は、端から始め端までいっても問題ありませんが、直線の場合は常に同じ方向に進みます。

　私はいろいろな糸が好きで、1つのブランドにこだわることはありません。どれも厚みや感触が少しずつ違います。刺し子糸、パールコットン（刺繍糸）、伝統的なハンドキルトの糸など、好きな糸を見つけましょう。刺し子糸は、布を染めるのと同じように染色できますが、必ず防染処理が施されていないPFDタイプを購入してください。刺し子針や刺繍針のほかに、指ぬきとはさみも必要です。私の指ぬきは、骨董品店で見つけた特別感のある小さなもの。シルバー製で、小さな花がエッチングされています。私より前にそれを使っていた女性たちのこと、これを身に着けてどんな手仕事をしていたのか、そんな想像するのも楽しいものです。

1. 針に糸を通し、右手に持ちます。左手で糸端を2.5cmほど残して針の上に置きます。

2. 右手で糸と針をつまんで糸端を固定し、左手で反時計回りに刺し子糸の場合は1〜2回、ハンドキルト用糸の場合は4〜8回ほど針に糸を巻きつけます。糸と布に応じて、何回巻きつける必要があるかを試してみましょう（手順5参照）。

3. 左手の人差し指と親指で巻きつけたところをつまみ、右手で針を引き上げます。糸の端まで引っ張り、結び目が糸端の直前に止まるようにします。キルトノットができました！

4. 刺し始めの位置から約2.5cm離れた場所のキルト
   トップから裏布を貫通しないように針を入れ、ステ
   ッチを開始したい位置で糸を引き出します。

5. 結び目をキルトトップから引き込み、キルト芯に通
   します。結び目が大きすぎるとトップから入らず、ト
   ップの生地が薄すぎると抜けてしまいます。ちょうど
   いい具合になるように調整しましょう。結び目が大
   きすぎる、または小さすぎる場合は、結び目をカット
   し、糸の巻き量を増減して新しい結び目を作ります。

6. キルティングを開始します。キルトトップ、キルト芯、
   裏布のすべての層に針をまっすぐ刺し入れます。裏
   布に少しだけ突き刺してから、キルトトップに針を戻
   します。ハンドキルトの場合、針を裏側に刺して最後
   まで糸を引いてから、針をキルトトップまで引き戻
   す、といった動作をしません。これをすると、裏側へ
   針が曲がって刺さります。針は一度の動作で刺して
   表に戻ってくるようにしてください。「針を動かす」こ
   とに慣れたら、スピードを上げるために一度に3〜4
   針ずつ進めてみましょう。糸が少なくなったら、中断
   したところから1針分の長さの位置にキルトノットを
   作り、その結び目をキルトトップとキルト芯の間に
   入れます。緩まないように、キルト芯にしっかりと埋
   め込まれるように引っ張ります。

タフティング

タフティングは、どのくらいの間隔で施すかにもよりますが、多くの場合は、キルト芯のかさの高さを維持するくらいが最も暖かく快適なキルトになります。私の祖母は、キルティングの代わりに糸を結んでタフティングしたキルト作品を数多く作り、私の子供たちはこのキルトに身を寄せるのが一番好きでした。場合にもよりますが、タフティングは一般的にハンドキルティングよりも早く仕上げることができますが、もちろん間隔次第でそうではない場合もあります。タフティングの間隔が狭い場合は、ハンドキルティングよりもはるかに時間がかかります。タフティングにはパールコットンや刺し子糸、毛糸など何でも使えます。写真のとおり、私はハンドキルティングとタフティングを組み合わせるのが好きなので、そうすることもあります。

タフティングの方法は、はじめに長い糸または紐を針に通します。針をキルトトップから裏布に刺し入れ、約3mm離れた位置に戻します。結びやすい長さの糸を残して、糸を切り、外科結び(右側の糸を左へ、左側の糸を右へとそれぞれ結び目を作るときに2回ずつ輪をくぐらせて結ぶ方法)で結びます。太い糸の場合は、本結び(結び目を作るときに1回ずつ輪をくぐらせて結ぶ方法)で結びます。紐をお好みの長さに切ります。

バインディング

キルトの端を綴じると、ついにキルトは完成です。ですから、綴じる作業(バインディング)はいつもワクワクします。私はダブルバインディングと呼ばれる綴じ方が好きです。これは、耐久性を高めるために綴じる布が2重になっています。マイター(留め継ぎ)はコーナーが直角のキルト作品の場合にとてもきれいですが、コーナーが丸いキルトを作るのも時に楽しいですので、後ほど解説します。

ダブルバインディングでコーナーを留め継ぎにする方法

こちらで紹介するのは、耐久性高く、そして留め継ぎでコーナーをきれいに仕上げるために、キルトを2重の布で綴じる、私のお気に入りの方法です。

1. ハンドキルティングが完了したら、キルト用定規をキルトトップの端に合わせ、ロータリーカッターで余分なキルト芯と裏布をカットし、キルトトップと同じ大きさにします。

2. バインディング用の布をカットします。私は、バインディング用の布をカットする従来の方法(バイアスを裁つ方法)よりも、布の耳から耳までカットするほうが好きです。型破りですが、この方法は計算も簡単で、布の無駄を減らし、そして最も重要なことに完璧なほどに機能的です。必要な布の全長を決めるには、キルトの周囲の長さに50cm足します。耳から耳まで、何枚のストリップをカットするかを決めるには、バインディングの長さを布幅で割ります。例えば、キルトの周囲の長さが150cmとします。バインディングに必要な長さは150cm+50cm=200cm。布幅が50cmとすると、200cm÷50cm=4。従って、バインディング用布を4枚カットするということになります。計算値が割り切れない場合は切り上げます。

私の小さなキルト作品は、高さ7cmでカットして
　います。

3. 紐状にカットしたバインディング用布を1枚のバイン
　ディング布にするには、写真のとおり、2枚を中表に
　して一方の紐状の布をもう一方の紐状の布の上に
　直角に置きます。対角に線を引き、その線に沿って
　縫います。すべての布が1本になるようにこれを繰
　り返します。

4. 縫い代6mm残してカットし、アイロンをかけながら
　縫い代を開きます。

5. 長辺の切りっぱなしの端どうしを揃えて、1本になった布を縦に半分に折り、アイロンをかけます。

6. 写真のとおり、キルトトップを上にして、キルトの端とバインディング布の半分に折った切り端側を合わせます。バインディングの始めは20cmほど縫わずに残してから縫い始めます。写真で人さし指が示している位置から、縫い代6mmでバインディング布をキルトに縫い付けます。コーナーに近づいたら6mm手前で縫うのを止め、数針返し縫いします。

7. コーナーを留め継ぎするには、バインディング布を45度の角度で折り、アイロンをかけます。

8. 写真のとおり、バインディングを下に折り、切り端を合わせてもう一度アイロンをかけたら、端から縫い始めます。次の角まで縫ったら、前述のとおり6mm手前で縫うのを止め、同じプロセスを繰り返します。

9. 縫い始めの位置から約20cm手前まできたら縫うのを止めます。

10. バインディングの最初と最後の部分が7cm（バインディング幅分）重なるようにして、余分なバインディング布をカットします。

11. 両端を開きます。写真のとおり、直角に中表に合わせ、まち針で固定したら対角線を引きます。線に沿って縫い、縫い代を6mm残してトリミングして、アイロンをかけながら縫い代を開きます。バインディング布を半分に折り直してアイロンをかけます。

12. 残りのバインディング布を所定の位置に縫い付けます。

13. キルトの裏面を見て、バインディング布も裏へ折り返し、アイロンをかけながらピンで固定します。コーナーはきれいに三角折りになるように仕上げます。バインディング布をかがり縫いで所定の位置に手縫いします。

コーナーが丸いキルトをバインディングする

　角のあるコーナーを留め継ぎで仕上げる方法はとても簡単ですが、時にはコーナーが丸いキルトを作るのも楽しいです。この場合のバインディングは、ブロークンディッシュのキルトポンチョ（117ページ）の図案の手順9で説明しているとおり、何か丸いものとチャコペンなどを使って角を丸く描くだけです。168ページのダブルバインディングで角を留め継ぎにする方法の手順に従いますが、丸い角まできたら、角を折る代わりに、緩やかな曲線を描いてバインディングします。

キルトのお手入れ

　キルト作りに費やした尊い作業時間の後は、その素晴らしい作品を大切に使うことが重要です。キルトが目に見えて汚れていない場合は、屋外で物干し竿に掛けて新鮮な空気に触れさせましょう。ただ、キルトをよく洗わなくてはならない場合もあります。

　キルトを洗うには、浴槽に水、またはぬるま湯を半分くらい入れます。キルトを入れる前に、水にpH中性の天然液体洗剤を少量加えてよく混ぜておきます。キルトを数分間浸けてかき混ぜます。汚れがある場合は手でこすります。天然染色した布には、石鹸や洗剤を直接つけないでください。これは、何度か苦い経験を経て学んだことです。一度、フレーク石鹸を使ったのですが、完全に溶けていなかったせいで、染色した布全体に落ちない白い斑点ができてしまったことがありました。あ

と、天然の粉末洗濯洗剤をシミの上にのせたところ、洗剤が触れたすべてのエリアの染料が抜けてしまい、汚れのようになってしまいました。なんてことでしょう！

　キルトを少し浸けた後、水を抜き、石鹸を洗い流すのに十分な量の水をもう一度入れます。誰かに手伝ってもらって、キルトからできるだけ多くの水を優しく絞り出すことをおすすめします。この時点で、屋外に出して吊り干しすることも、吊るす前に洗濯機の脱水サイクルに入れることもできます。ドラム式洗濯機をお持ちの場合は、ソフト洗いでキルトを洗うことも可能ですが、洗濯機は手洗いよりもキルトへの負荷が大きいです。

　年月が経つと、最終的にはキルトの補修が必要になります。その際に役立つような、素晴らしい補修本や出典は数多く出回っていますので、ぜひご覧ください。

インフォメーション

私が好きでサポートしている、アーティスト、ファーム、天然染料や繊維の販売店などです。多くのクラスやワークショップも開催されていますのでとてもおすすめです。

アブバカル・フォファナ
aboubakarfofana.com

ボタニカル・カラーズ
botanicalcolors.com

ディクザ
dixza.com

ザ・ドッグウッド・ダイヤー
thedogwooddyer.com

ファーム&フォーク
Farmandfolk.com

フェドコ
fedcoseeds.com

グランド・プリスマティック・シード
grandprismaticseed.com

ポルフィリオ・グティエレス
porfiriogutierrez.com

ヘンプ・トレーダーズ
hemptraders.com

ライフ・ギビング・リネン
lifegivinglinen.com

マイワ
maiwa.com

オーガニック・コットン・プラス
organiccottonplus.com

シボリ・ドラゴン
shiboridragon.com

ストーニィ・クリーク・カラーズ
stonycreekcolors.com

タライ・ブルー
indigodesign.in

ウィノナズ・ヘンプ・ヘリテージ・ファーム
winonashemp.com

YLI
ylicorp.com

染色材料の取扱店（日本）

藍熊染料株式会社

東京都台東区雷門 1-5-1
TEL：03-3841-5760
aikuma.co.jp

文政元年（1818年）創業の東京・浅草にある老舗染料店。染料や道具はもちろん、浸透剤などの助剤や染色用の布も扱っています。布は、綿や麻などの生地のほか、ハンカチやストール、Tシャツなどのアイテムもあり。定期的に初心者向けのワークショップなども開催しています。

株式会社田中直染料店

京都府京都市下京区松原通
烏丸西入玉津島町 312
TEL 075-351-0667
tanaka-nao.co.jp

享保18年（1733年）創業の京都・烏丸にある老舗染料店。「染めのことなら何でも揃うお店」を目指して、染料や道具はもちろん、布や糸も揃い踏み。どんな染めをしたいかに応じて最適な染料を提案してくれます。染色が初めての方向けに工程をわかりやすく紹介した YouTube 動画も配信。

謝辞

この本の執筆の旅がそろそろ終わることが信じられません。1ページ1ページ、このなかには1年間の作業や、その一部が凝縮されています。これを実現にするにあたり、多くの才能豊かな人々のサポートと励ましは不可欠でした。関わってくださったすべてのみなさまに感謝を申し上げます。はじめに、ある早春の日、私に連絡をくださり、この本を書く機会を与えてくれたメレディス・クラークに心からの感謝の気持ちを伝えます。連絡は、まさに神の仕業のようなタイミングでした。思い切ってイエスと答えて本当によかったと思っています。

また、本書の写真撮影は素晴らしいコラボレーションでした。驚くほどの才能あふれる友人のチャンドラー・ストレンジと娘のアイラには、従来なら光が「ちょうどいい」ときに行っていたことをやめて私と一緒に外へと繰り出し、撮影してくれたことに感謝します。2人が作成した画像は正真正銘の本物であり、この本に大変大きな貢献をしてくれています。スコット・スミスは、素晴らしいキルトのフラットレイ撮影をしてくださいました。感謝しています。編集のシャウナ・ミューレンと、専門知識をもってこの本を美しくまとめてくださったエイブラムスのチームにもお礼を言います。ありがとうございました。デザイナーのダリリン・カーンズ、この本に尽力してくれたこと、私にとって本物だと感じられるようなものにしてくれたこと本当に感謝しています。

私の家族のご婦人たち、ナンシー、ミリー、フローにも感謝しています。みんなの手は常に美しいものを作るために忙しく動いていました。彼女たちの伝統を引き継いでいけることは光栄です。私が子供の頃、辛抱強く木工クラスに参加させてくれた父のデビッドにも感謝しています。こういった一見小さな体験の積み重ねが、結果として最も深く、形成的に影響を及ぼすことがよくわかりました。

この本の執筆に際して、私を応援し、励まし、サポートとアドバイスをくれた多くの友人や人々にもありがとうを伝えます。

私の子供たち、アイザック、アッシャー、ユーリ、イラにもお礼を言います。私のすべての愛と、私が蒔いた種はすべていつもあなたたちのためほかなりません。

最後に、最も重要なこと。夫のトムへ深い感謝を伝えます。私たちの絆は、私たちがファーマーとして、そしてアーティストとして築いてきたこの暮らしに不可欠です。その事実とそしてトムに、心から感謝しています。

著者

サラ・ラーソン・ブスカグリア。アメリカ・コロラド州在住。南西部高地の砂漠地帯で、オーガニックファーマー、天然染色家、テキスタイルアーティストとして活動。ファーマー、アーティスト両面の自己表現の場として「ファーム&フォーク」を立ち上げる。土地を管理しながら、生涯学び続けるライフロングラーナーとして、従来の消費主義の枠組みとは異なるスローライフを実践。その経験からインスピレーションを得て、食べ物や自然の色彩、繊維に対する造詣を深め、天然染めのキルトを制作している。farmandfolk.com および @farmandfolk（Instagram）にて新作キルトを発表。

First published in the English language in 2023
By Abrams Books, an imprint of ABRAMS, New York
ORIGINAL ENGLISH TITLE: FARM & FOLK QUILT ALCHEMY
A HIGH-COUNTRY GUIDE TO NATURAL DYEING AND MAKING HEIRLOOM
QUILTS FROM SCRATCH
(All rights reserved in all countries by Harry N. Abrams, Inc.)

Japanese translation rights arranged with
Harry N. Abrams, Inc.
through Japan UNI Agency, Inc., Tokyo

This edition first published in Japan in 2024 by Graphic-Sha Publishing Co. Ltd, Tokyo
Japanese edition © 2024 Graphic-Sha Publishing Co. Ltd

天然染めで作るキルト
オーガニックな染色レシピとパッチワーク図案

2024 年7月25 日　初版第1刷発行

著者	サラ・ラーソン・ブスカグリア（© Sara Larson Buscaglia）
発行者	津田淳子
発行所	株式会社グラフィック社
	〒102-0073 東京都千代田区九段北1-14-17
	Phone: 03-3263-4318　Fax: 03-3263-5297
	https://www.graphicsha.co.jp
印刷・製本	TOPPANクロレ株式会社

制作スタッフ

翻訳	佐藤公美
キルト監修	上田葉子
編集	須藤敦子
組版・カバーデザイン	安藤紫野
制作・進行	南條涼子（グラフィック社）

ISBN 978-4-7661-3914-3 C2077
Printed and bound in Japan